ワーカー絶賛！
輻射空調

快適、健康＆省エネを実現

オフィスビルディング研究所／編　太田三津子／著

RADIANT
SYSTEM

白揚社

はじめに

本書のきっかけは「輻射空調」を体感して仰天したことだ。

仕事柄、多くの企業に取材にうかがう。1時間もすると冷房が効きすぎて寒くなる（電力危機以降は節電で逆バージョンが多くなったが）。

ところがあるとき、3時間経っても全く空調が気にならない空間に遭遇した。不思議に思って上を見たが、空調の吹出し口がない。後から取材時の電子レコーダを再生したら鮮明で驚いた。ふつうは雑音が混じるものだが、それもない。非常に静寂な空間だったのだ。

「こんな空調方式があったのか」という驚きのあとから、「どうして快適なのか」「どんな仕組みになっているのか」「なぜ、こんな心地いい空調が広まっていないのだろう」、次々に疑問が湧いてきた。

だが、まさか自分が本を書くとは思っていなかった。専門書は専門家が書くべきもの。設備にも疎く、理工系の頭脳もない私より、適任者はたくさんいる。その点は全くそのとおりで、筆者の知識不足や取材範囲の限界から内容に偏りや物足りない部分は多々あると思う。

しかし、あるとき、考えが変わった。

「まてよ、私と同じように輻射空調をよく知らない方がまだ多い状況なのだ。それならば、私が代わりに輻射空調を導入した施設をまわり、ワーカーの生の声を聞き、専門家に素人の素朴な疑問をぶつけてみよう」と。

「叩けよ、さらば開かれん」は本当だった。取材を重ねる間に「こんな資料もあるよ」「あの人に会ってみたら？」「今、インドで実証実験の結果が出ているよ」等々、多くの方々から貴重な情報をいただき、専門家の方々は快くイロハのイから教えてくださった。

そうやって本書ができた。だから本当の筆者は私ではなく、取材に応じてくれたたくさんの方々である。きっかけを与えてくれた宮村正司氏、本田広昭氏をはじめ、取材に応じていただいた方々、内容や資料のチェックや翻訳でお世話になった方々に心からお礼申し上げたい。

本書がよりよいオフィス環境を求める方々に役立つことを願って。

２０１５年３月　不動産ジャーナリスト　太田三津子

※なお、専門家の方々から、学術的には「輻射」より「放射」という表記が一般的というご指摘をいただきましたが、本書ではあえて「輻射」という表現で統一いたしました。ご了承ください。

目次

第2章　輻射空調をめぐる世界の動き——62

第3章　日本の輻射空調の歩みと推進した人々——96

第４章　輻射空調の導入実例レポート――132

出版に寄せて　日本の皆様へ

デンマーク工科大学教授
ＡＳＨＲＡＥ（米国暖房冷凍空調学会）副会長
ビアネ・オルセン

冷房、暖房、換気システムは、建物におけるエネルギーの使用や室内環境のクオリティに対して大変重要な役割を果たしています。これらのシステムの最たる目的は、居住者にとって快適で、健康的で、生産性の高い環境を提供することです。しかも、これらは可能な限り最小のエネルギーで達成されなければなりません。

今日、建物の冷暖房換気設備で使われるエネルギーは、先進国では30〜40％のエネルギー消費量に相当します。原子力の使用が安全性の面で問題となり、化石燃料の資源も限られている今、全世界で建築物の電力消費を抑える取り組みをしなければなりません。

第1に、消費エネルギーを削減することは、エネルギー資源を増やすことよりもずっと効率的で維持がしやすく、環境にも優しいのです。建物を建てたり、既存の建物をリノベーションしたりする際に、もっとも重視しなければならないことはエネルギー需要を抑えることです。

これは室内環境に対する要求を抑えること、たとえば、夏は設定温度を高めにしたり、冬は低めにしたり、換気回数を抑えたりすることで簡単に達成できます。しかし、これらの方法は快適性を損ない、健康リスクを招き、働く人々の生産性を下げかねません。

現代のオフィスでは、従業員を雇うことは冷暖房換気設備の使用量のおよそ１００倍もかかることを認識すべきです。つまり、１％の生産性の低下が冷暖房換気設備の総エネルギーに相当するのです！

２番目に優先すべきことは、風力、太陽熱、地熱などの再生エネルギーをできる限り活用することです。ＥＵ諸国は「２０２０年までに建物のエネルギー使用量を20％、ＣＯ２排出量を20％削減し、総エネルギーにおける再生エネルギー資源の使用量を20％以上にすべき」と定めました。この目標を達成するため、建物のエネルギー証明書や、建物の一次エネルギー使用に対する国家による制限、そして、エネルギーを使用するすべての生産物に対するエネルギー基準の設定、再生エネルギー使用の要請などが行われています。

建物のエネルギー使用量は、エネルギー効率の高い建築設計とエネルギー高効率空調システムにより抑制できます。

低温の暖房と高温度（中温）の冷房システムは、空気調和換気システムにおけるエネルギー効率の向上と再生エネルギーの活用を高めるうえで重要な条件です。室内温度と近い温度でシステムを運用することが、再生エネルギーを利用する可能性を高めます。これらは床や壁、天井のような、熱交換できる広い室内仕上表面を使うことで可能になります。これこそが天井輻射パネル式冷暖房システムが世界の近代オフィスで幅広く利用されている理由です。

第1に、外気処理を冷却や加熱から分離することは大変効率的です。これによって室内環境を整えることがより容易になり、居住者や在室者の満足度を高めることができます。

もうひとつ輻射天井パネルの重要なことは、エネルギーの搬送に水を使うことです。循環ポンプのエネルギー使用量はファンを使用する場合よりかなり低く、配管も空気ダクトを使用する場合よりスペースを大幅に縮小できます。

天井パネルは冷房にも暖房にも使用できますが、冷房の熱交換係数が格段に高いので加熱より冷却のほうがより効率的です。15～20℃の高温冷水冷房は、5～12℃の低い温度の水を必要とする全空気システムに比べ、ヒートポンプと冷却装置のエネルギー使用効率を著しく高めることができます。

輻射空調パネルに必要な水温は、冷却のためのヒートポンプを使わずに地中熱と直接熱交換ができ、さらに蒸発冷却（エバポレート・クーリング）の効率を上げることができます。その他、外気処理装置を冷却や加熱機能から分離することで、室内の空気の質を保つのに必要な外気量を供給する装置のみでよいという利点もあります。つまり、ダクトのサイズを大幅に縮小でき、シャフトスペースも少なく、騒音や隙間風やドラフトも低減できるということです。

輻射表面冷却システムは結露防止機能が必要ですが、室内露点温度以上に供給冷水温度を制御することによって結露を防止できます。これにより、その他のシステムが露点温度より高くなり、配管および輻射パネル表面の結露を防ぐことができます。

室内の湿度が高い場合は、供給する冷水温度を適正に下げることができず、輻射システムの冷却機能が低下します。しかし、外気を除湿して露点温度を下げて室内に入れることで、輻射システムの高い冷却能力を発揮させることができます。

一方、輻射暖房システムには数千年の歴史があります。初期段階の輻射システムは、調理や火を焚いたときの排気を床や壁に循環させて暖房しました。しかし、今ではプラスチックやアルミ製、銅製のパイプが採用できるようになり、水をベースにした輻射冷暖房システムが世界に普及しています。

全世界で地球温暖化が加速し、深刻な気候変動が起きる中、化石燃料の使用で排出されるCO_2の削減は待ったなしの状況にあります。日本には先進国として他国と共に地球温暖化を抑制し、安全で持続可能なエネルギー資源を利用していく責任があります。使用エネルギーの削減、エネルギー効率の向上、再生可能エネルギーの活用は、原子力発電などに代わる有効な方法です。日本もこれらを可能にする輻射空調システムに取り組み、ヨーロッパや世界各国のように普及することを期待しています。

本書の出版が日本での輻射空調の普及に大きな影響を与え、それによってエネルギー使用量の削減に貢献し、人々が健康快適に過ごせる未来になることを祈っています。

Bjarne W. Olesen　デンマーク工科大学土木工学部教授、国際室内環境・エネルギー研究所所長。ＡＳＨＲＡＥ（米国暖房冷凍空調学会）副会長、技術審議会委員長。１９７５年デンマーク工科大学、暖房・空調研究所の博士号取得後、同研究所や企業、バージニア工科大学などを経て現在に至る。輻射空調の第一人者として40年以上にわたって国際的に活躍し、３５０以上の論文を発表、受賞歴、書籍も多数。日本の空気調和・衛生工学会名誉会員であり、セミナーや会議などで30回以上来日。東京大学客員教授を2期勤め、その後も多くの学生や研究者がデンマーク工科大学の同氏のもとで研鑽を重ね、活躍している。

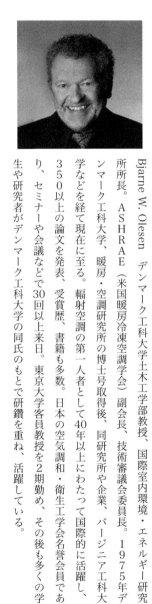

序章

ワーカーは空調に満足していない

省エネと快適さの両立を

「ワーカーはオフィスの空調に満足していない」……オフィスワーカーに対するアンケート調査で常に不満のトップに挙がるのが「空調」だ。

いわく、「節電で暑い」「ウォームビズで寒い」「冷房の風が当たって不快」「室内の温度にムラがある」「顔は火照るのに足元が冷える」「最初はいいが、長くいると体調が悪くなる」等々。

ファシリティマネジャーが「暑すぎる、寒すぎるという正反対のクレームが同時にくる」とぼやいていたが、「暑い、寒い」という感覚には個人差や男女差、業務内容の違いもあり、全員が満足する状態に保つのは難しい。しかし、これだけ多い不満の声を「仕方がない」「我慢せよ」で切り捨ててもいいのだろうか。

特に電力危機で節電対策がとられた結果、省エネと空調に対する問題意識が高まっている。

2013年3月、一般社団法人日本不動産研究所はオフィスワーカー1000人を対象に、オフィスビルの省エネ化と快適性・生産性に関する意識調査を実施した。それによれば、執務空間でもっとも重要な要素として「温度・湿度が適度に保たれること」と回答したワーカーがもっとも多く、3分の1を占めている。

また、7割以上が「節電目的で空調の設定温度を調整した」と回答。しかし、こうした省エネ対策を実施した結果、ワーカーの8割近くが「快適性が損なわれた」と感じ、その内の2割以上が「業務効率に支障をきたした」と回答している。

さらにワーカーの半数以上が節電の必要性を肯定しつつも、「そのために快適性や生産性が多少犠牲になってもやむを得ない」とする意見はわずかに2割にとどまっている。ワーカーが「省エネと快適性の両立」を切実に望んでいることがわかる。

経営者にとっても、社員が快適な環境で仕事に集中して生産性が高まることが望ましいはず。巻頭のオルセン教授も指摘しているように「1％の生産性の低下が冷暖房換気設備の総エネルギーに相当する」ほど大きいのだから。

ワーカーも満足し、省エネも達成できる方法はないのだろうか。

「輻射空調」という新たな選択肢

快適性と省エネを両立させる方法として「輻射空調」という選択肢がある。

原理や仕組みについては第1章で説明するが、これまでのように冷却（加熱）した空気を吹き出すエアコンとは違い、輻射空調は水で天井面を冷やし（温め）、直接熱をやりとりすることで冷暖房する。

気流や運転音がほとんどなく、室内の温度ムラも極めて少ない。冷房の設定温度を28℃にしても体感温度が1～2℃低いため、不快に感じない。さらに水を使うことで搬送動力が4分の1になるほか、自然エネルギーの活用にも途が開ける。

実際に輻射空調を導入したビルで働くワーカーを取材したが、「従来の空調より心地よい」と高評価。特に冷房の風に悩まされていた女性ワーカーの評判がいい。筆者も体感しているが、全く同感だ。体感していない方に輻射空調の心地よさを言葉で伝えることは難しいが、冷房は真夏にトンネルや鍾乳洞に入ったときのひんやり感、暖房はひなたぼっこのぬくもり感に近い。自然のなかで感じる穏やかな涼しさ、暖かさが最大の特長である。

日本ではまだ輻射空調を採用しているビルや施設は少ないが、世界では珍しい方式ではなく、すでにドイツやスイスを中心に普及し、一般化している。最近では日本でも医療施設や大学、オフィスビルにも導入するケースが増えており、その良さが口コミなどで広がり始めている。

従来の空調より初期投資が高いことがネックだが、輻射空調を採用するビルや施設が増えて心地よさを知る人が増えれば、普及が加速してコストも下がるはず。コストが下がればさらに導入しやすくなる。このサイクルがまわりだせば、快適性と省エネを両立したビルや施設が増え、ワーカーが望んでいる「我慢しない省エネ」が実現する。

筆者はこのサイクルがまわりだす日が近いと感じている。輻射空調を体感した方々の評価が大変高いうえに、時代のベクトルや技術、制度が変わり、輻射空調が以前よりずっと導入しやすい環境になってきたからだ。

では、ひとつひとつの変化を見てみよう。

■■■「人」が主役の時代

第1は産業構造の変化である。

工業化社会の利益の源泉は「工場」だったが、今は違う。知識創造社会で一番重要な資源は「人」であり、人が集まる「オフィス」が価値や利益を生み出す舞台になっている。企業が知的生産性を上げるには、優秀な人材を集め、最大の能力を発揮してもらわなくてはならない。そのためには、心身ともにストレスのない環境を整えることも重要な要件になる。少なくともワーカーの「不満＝空調」は改善しなければならないだろう。

ちなみに、先端的な企業はオフィス支出を「コスト」ではなく、より多くの利益を生み出すための「投資」と捉えている。国内600社を対象にした調査によれば「利益水準が高い企業ほど、オフィス支出を投資と捉えている」という傾向がみられた。つまり、最適なオフィス環境を整えることを成長に必要な「投資」と考える企業ほど、生き残る可能性が高いということだ。

▩▩▩環境不動産への要請高まる

21世紀は環境の世紀。省エネなどによるCO_2削減努力は21世紀の重要なテーマであり、世界の潮流である。

建物に関しては「使用エネルギーゼロ」を究極の目標としたZEB（ゼロ・エネルギー・ビル）への取り組みが各国で始まっている。日本でも経済産業省、国土交通省、環境省が「ZEBビジョン」を掲げて取り組んでいる。2014年には、国交省がオフィスビルなどの非住宅建築物の省エネ性能を第三者機関が評価して表示する「建築物省エネルギー性能表示制度」を創設。LEEDやCASBEEなどの建築物の環境性能認証制度も普及しつつある。

もはや建物や設備の環境性能や省エネ基準のハードルは、高くなることはあっても低くなることはない。特に空調はオフィスビルの使用電力量の4割以上を占めている。空調の省エネ化は喫緊の課題だ。輻射空調はそうした要請に新たなアプローチを開くものだ。冷房では設定温度を1～2℃高く、暖房では1～2℃低くしても同等の体感温度を得られることや、水を使うことで搬送動力が大幅に削減されること、熱源に井水や外気、地中熱などの自然エネルギーを活用できる可能性を広げたことなどから、従来型空調とは別次元の省エネが期待できる。

■■■女性ワーカーが増える

次いで、今後、女性ワーカーや女性管理職が増え、その声が高まることが挙げられる。アベノミクスの成長戦略のひとつに「女性が輝く日本」が挙がっており、保育園の整備や女性管理職の登用、職場復帰の支援などさまざまな政策が打たれている。人口が減少するなかで、日本の活力を保つには女性の社会参加が不可欠という意見も多い。

今後、女性ワーカーや女性管理職が増えることは間違いないだろう。そうなれば、オフィス環境に対しても女性の意見が今以上に反映される。たとえば、オフィスや店舗、ホテルのトイレが綺麗になったのも、女性の意見からだったといわれている。空調もしかり。不快な冷房の風に「NO」という女性の声が増えれば、経営者もビルオーナーも無視できなくなる。

オフィスビルの競争激化

これから都心で大規模オフィスビルの大量供給が始まる。

森トラストの調べでは、２０１４〜２０１７年の大規模オフィスビルの供給の７割が都心３区に集中する見込み。同期間の供給量は千代田区１４０万㎡、港区１０５万㎡、中央区59万㎡。立地も規模も備えたオフィスビル間の競争激化は避けられない。

立地や規模で遜色がなければ、残る差別化は賃料かスペックだが、ビルオーナーとすれば賃料の値下げ競争は避けたいと考えるだろう。スペックによる差別化のひとつとして輻射空調が浮上する可能性がある。都心一等地にオフィスを置く企業ほど知的生産性を重視し、オフィス環境に敏感である。ビルオーナーは高い賃料を払うに足る環境を提供する必要がある。

ちなみにドイツでは最近建築された高層・超高層ビルのほとんどが輻射空調であり、「優良なテナントを確保するには欠かせない設備」となっている。

技術の進化も大きな後押し

技術の進化も、日本で輻射空調を導入しやすくなった大きな要素だ。

ひと昔前まで、除湿技術がネックになって高温多湿の日本では輻射空調は難しいといわれていた。しかし、乾燥剤で空気中の水分を直接除去できるデシカント空調機が開発され、除湿の問題がクリアされた。

さらに建築技術の進化もある。輻射空調の効果を高めるには建物と設備との連携が不可欠であり、外壁や窓の断熱性を高めることが必須条件だった。省エネ建築への要請が高まり、高い断熱性を備えた外壁や高性能な窓ガラスなどが次々に開発された結果、外界からの熱負荷を減らすことができるようになり、輻射空調を導入しやすい条件が整った。

OA機器や照明の進化で室内の熱負荷が減少

発熱量が少ないLED照明が一般化したことや、OA機器の進化で排熱が減ったことで室内の熱負荷が大幅に減少したことも、輻射空調の導入に有利に働いている。今後もOA機器のさらなる進化やクラウドコンピューティングなどの普及により、室内の熱負荷は減少に向かうものと思われる。

その一方で、高性能な輻射空調パネルの開発が進んでおり、オフィスビルの冷暖房を輻射空調だけで賄える時代になりつつある。そうなれば予備の空調を装備しなくてすみ、初期投資も下がるだろう。

オフィスの分煙が進み、循環空気量が減少

制度面では、健康増進法で分煙が一般化したことが挙げられる。分煙が進んだことによって必要な循環空気量を大幅に削減しても空気の質を保てるようになり、輻射空調を採用しやすくなっている。

輻射空調の場合、必要な循環空気量は少なくてすむ。しかし、分煙になる前は、室内の空気の質を保つために大量の循環空気量が義務づけられていた。そのため、輻射空調のメリットを十分活かすことができなかったが、ようやく真価を発揮できる環境が整った。

以上のように、ひと昔前とは状況が一変している。先進的な設計事務所やビル事業者、ゼネコンは輻射

空調に注目し、すでに積極的に取り組んでいるところも少なくない。その結果、導入例が増え、実測データも公表されるようになった。

輻射空調が日本に上陸してから、水滴を一滴一滴コップに注ぐような関係者の地道な努力がつづいていたが、コップは今、いっぱいになろうとしている。あと1滴で水が溢れ出す、そんな瞬間が近づいているように思う。

第1章

「輻射」空調ってどんなもの?

■■■輻射による「熱のやりとり」

輻射空調に入る前に、まず「熱のやりとり」について簡単に触れておこう。輻射空調を理解するうえで押さえておきたい基礎知識だからだ。

あらゆる物体は、その温度に応じた熱（放射エネルギー）を目に見えない熱線（波長の長い放射線）として放出している。このように空気を媒体とせず、温度が高い面から低い面へ熱が移動することを「輻射」（放射も同義語）という。物体間の温度差が大きければ大きいほど、大きな熱が移動する。

人間も同じで、標準的な体格ならば電球1個分の熱をまわりへ放出している。身体の表面温度より、まわりの物体の表面温度が高ければまわりから熱を受け取り、低ければ身体から熱を奪われる。

たとえば、夏にトンネルの中で涼しく感じたり、冬の日だまりで暖かく感じたりするのも、この輻射によるもの（図1）。前者はトンネルの壁面の表面温度が人体の表面温度より低いため、人体の熱がトンネル表面に移動して（熱が奪われて）涼しく感じる。後者はその逆である。

熱の伝わり方にはこの「輻射」のほかに「伝導」と「対流」がある（図2）。

輻射が直接熱のやりとりをするのと違い、「伝導」は固体を介して熱を伝え、「対流」は液体や気体を介して熱を運搬する。

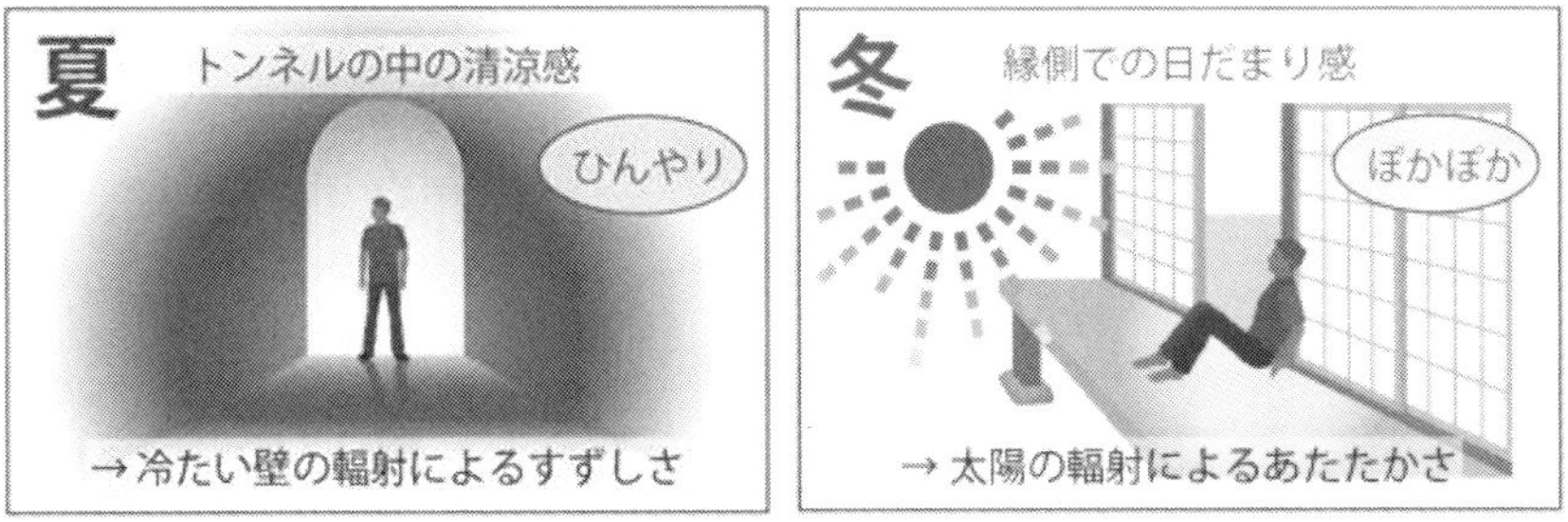

図１ 輻射の例

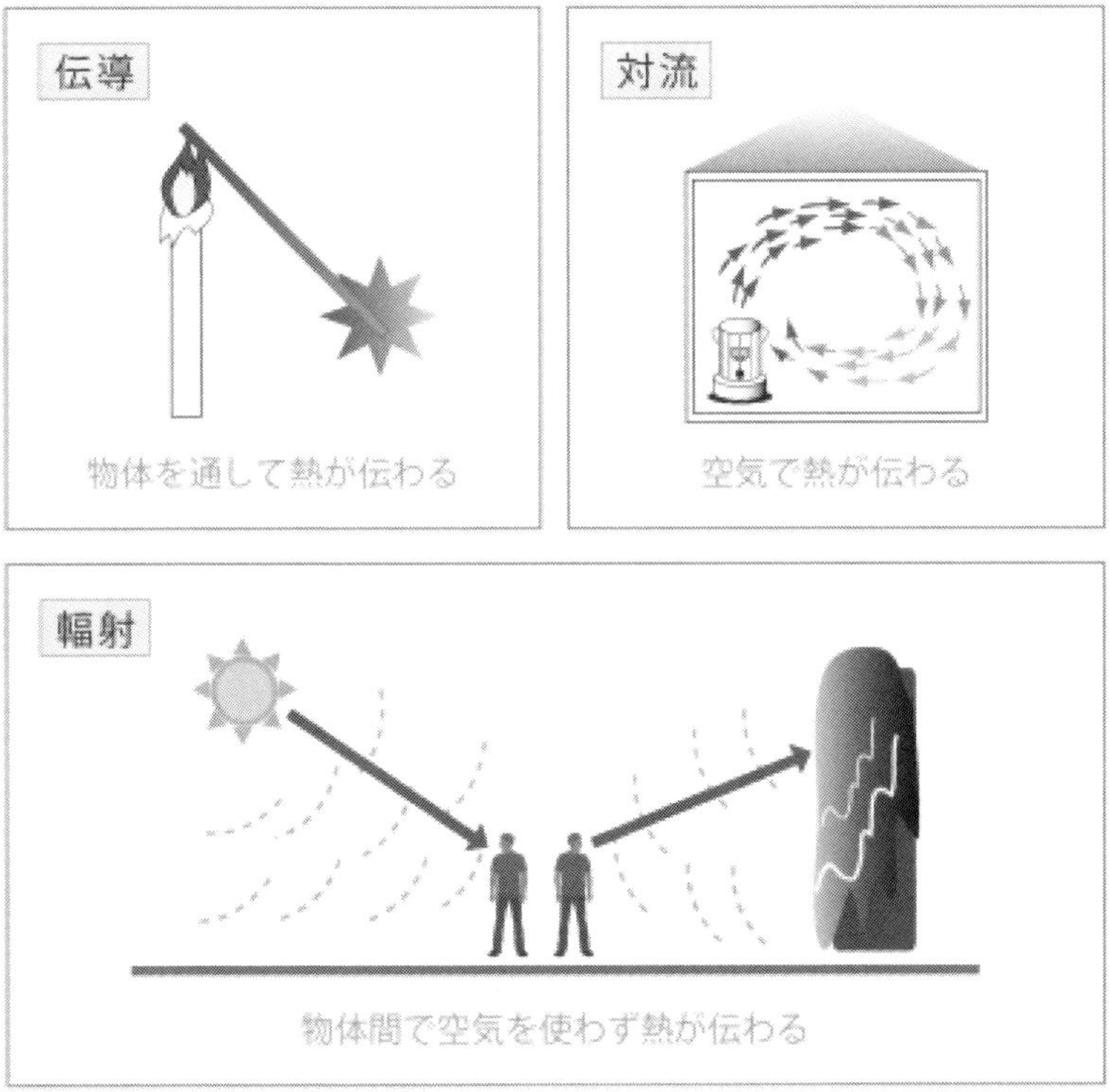

図２ 伝導、対流、輻射

たとえば、湯たんぽやホッカイロは主に「伝導」、エアコンなど従来の対流式空調は「対流」を主体にしたものであり、輻射空調は文字通り「輻射」の原理によるものだ。輻射空調は人工的に人体と温度差のある面をつくることで、空気（気流や風）を介さずに熱のやりとりをする。「空気を介さず」という点がこれまでの空調と大きく異なる特長だ。

どんな冷暖房方式であれ、究極の目的は人間にとって快適で衛生的で健康的な環境を整えること。その目的が省エネルギーで達成できれば、人にとっても地球にも一番いい。ちなみに空調に使われるエネルギーはかなり多く、オフィスビルではビル全体のエネルギー使用量の48％を占めるといわれている。

■■■「快適、不快」は何で決まるのか

では、そもそも「快適」とか「不快」とはどんな要素で決まるのだろうか。

室内の「快適性」を左右する温熱環境の要素としては、「室温」「湿度」「気流」「着衣量」「代謝量（活動量）」「放射（輻射）温度」という6つがある。これらがすべて一番バランスよく整えられたとき、「心身ともにストレスのない温熱環境＝快適な状態」になる。

では、ひとつひとつの要素を見ていこう。

〈室温（空気温度）〉　温度計などに表示される室内空気の温度で、暑さ、寒さを判断するもっとも基本的で一般的な指標。

〈湿度（相対湿度）〉　空気中の水分量のこと。室温が同じでも、湿度によって実際に感じる暑さや寒さが違うことは実感としておわかりになると思う。たとえば、夏、室温が28℃でも湿度が高いと蒸し暑く感じ、

湿度が低ければ爽やかに感じる。冬も同様で、湿度が高いと暖かく感じ、低いと寒く感じる。湿度は「快適、不快」を左右するかなり大きい要素だ。

〈気流〉 空気の動き、つまり風のこと。温度や湿度が同じでも、気流が強いほど身体から熱を奪われて寒く（涼しく）感じる。一般的に風速1m／秒ごとに体感温度は1℃下がるといわれている。扇風機や団扇の風で涼しく感じたり、冬山で強風に晒されて低体温症になったりするのは気流によるものだ。

〈代謝量（活動量）〉 人間の身体から発生する熱量のこと。たとえば、室温が低くても身体を動かしていると暖かく感じ、静止していると寒く感じるように、作業（活動）の内容によっても体感気温は変わる。

〈着衣量〉 身につけている洋服の面積や厚さなど。

〈放射（輻射）温度〉 前述のように人間を取り巻く壁や天井、床、家具などから、物質を介さずに直接伝わる輻射熱のこと。たとえば、冬、室内が冷え切っていると、暖房をつけて室温を上げてもなかなか暖かく感じられないのは、壁や天井などの放射温度が低いために身体から熱が奪われるからだ。

コラム1

〈輻射か、放射か〉

輻射（ふくしゃ）の「輻」は「や」とも読む。輻（や）は車軸から放射状に伸びた車輪を支える棒のこと。英語では「スポーク」という。

物体は、それぞれの表面からあらゆる方向へ熱を発している。これに「輻射」という字を充てたのは、四方八方に放射する様子が牛車などの輻（や）に似ていたからといわれている。

英語の「radiation」を「輻射」と訳したのは明治時代。しかし、戦後、当用漢字表に「輻」という文字が含まれていなかったため、「ふく射」と表記されていた時代も……。現在では「放射」が使われるようになってきたが、「輻射か放射か」は今も議論の的。あえていうなら、学術的には「放射」が使われ、日常生活では今も慣例で「輻射」が使われている。表記は違えど中身は同じ、念のため。

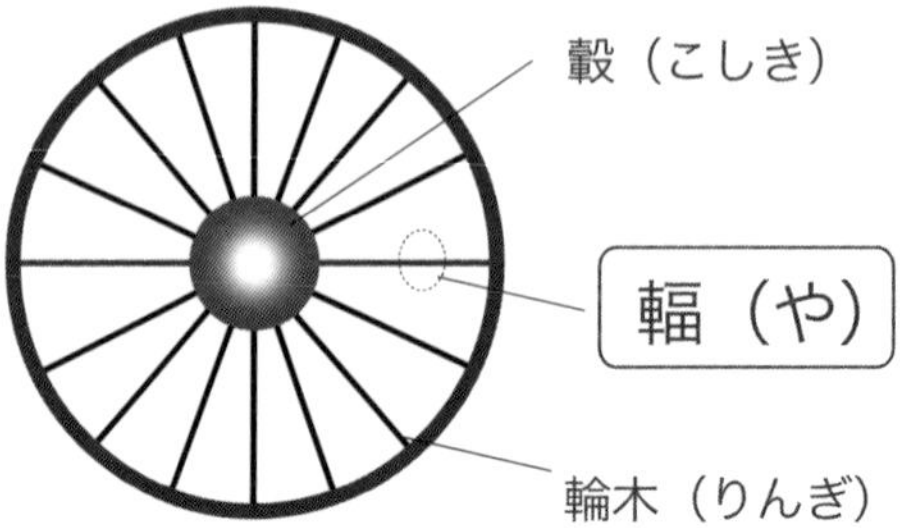

表1　PMVとPPD

PMV	温冷感	予測不快者率
＋3	非常に暑い	99%
＋2	暑い	75%
＋1	やや暑い	25%
0	どちらでもない	5%
－1	やや寒い	25%
－2	寒い	75%
－3	非常に寒い	99%

快適性を判断する指標

「快適な温熱環境」を空調で実現するには、以上のような6つの要素を総合的に考えなければならず、それだけ複雑で難しい。

これらの要素から温熱環境の「快適性」を判断する指標がある。PMV（Predicted Mean Vote：予測平均温冷感申告）という指標で、国際標準規格ISO7730でも採用されている。この指標ではPMV±0・5以内を快適範囲としている。

PMVと併せて、PPD（Predicted Percentage of Dissatisfied：予測不快者率）も快適性の評価によく使われる指標である。これは人間がある状態のときに、何%の人がその環境に不満足かを表すのに用いられる（表1）。

「不快」に感じる温熱環境の要素

いわゆる「エアコン」に代表される従来の対流式空調は「空気温度」にウエイトがおかれ、夏は冷風、冬は温風を吹き出して室内の空気を混ぜ合わせて設定温度にする。しかし、適温なのになぜか心地よくないと感じることがある。それはなぜなのか。

次のような状態が挙げられる（図3）。

第1に「ドラフト（気流）」。たとえば、冬に窓面などで冷やされた空気が気流となって下降したり、夏に冷房の気流が身体を直撃したりする状態。

第2に室内の「温度ムラ」。たとえば、夏の強い日差しが照りつけて窓面が暑くなるように、室内面の温度が場所によって大きく異なる状態。

第3に室内の「上下温度の差」。床から天井までの温度差が大きい状態。たとえば、暖房時によくあるように「頭や顔が火照るのに足元は冷える」という状態は快適とはほど遠い。

第4に「床温度」。たとえば、冬、室温は適温になっていても床が冷たいと底冷えする。日本の住宅は靴を脱ぐので床温度が与える影響が大きい。

こうした不快な温熱環境はストレスになるだけでなく、身体にも負担が大きく、健康を損なうこともある。逆説的にいえば、こうした「不快な状態」を起こさない空調がもっとも望ましい。

■■■空調と人間の生理特性

厳密にいえば、空調の目的とは「室内の温湿度・気流・塵埃・臭気などの環境条件を、在室者や収納物に対してもっとも望ましい状態に制御すること」（空気調和・衛生工学会）であり、この「もっとも望ましい状態」とは、人間の生理的側面が関係する。

人間は生命を維持するため、体内で熱をつくり、深部体温を一定にするように常に体温調整を行っている。深部体温を一定に保つには、熱の生産と外部への熱放散がバランスよく調整されなければならない。たとえば、寒いときは体内で熱をさかんにつくる一方、周囲に対する熱の放散を抑える。暑いときはその

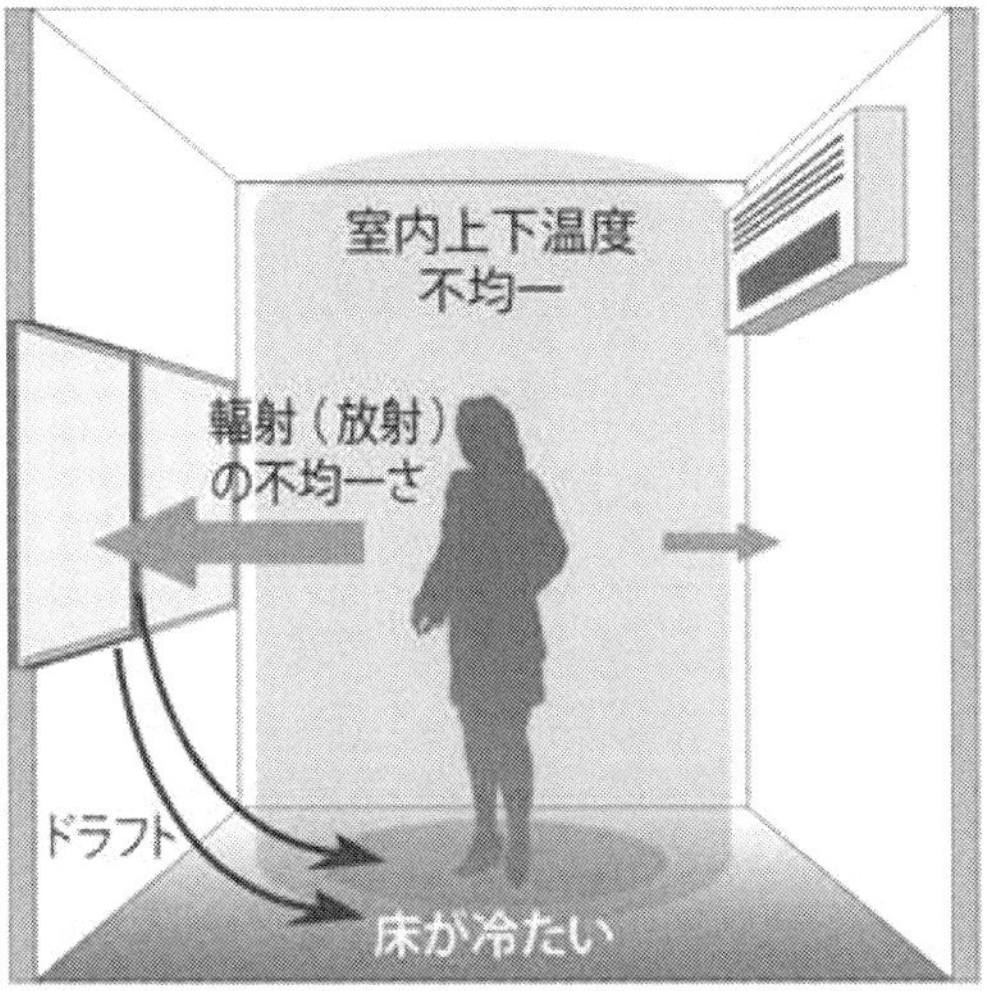

図3 温熱環境における不快な要素

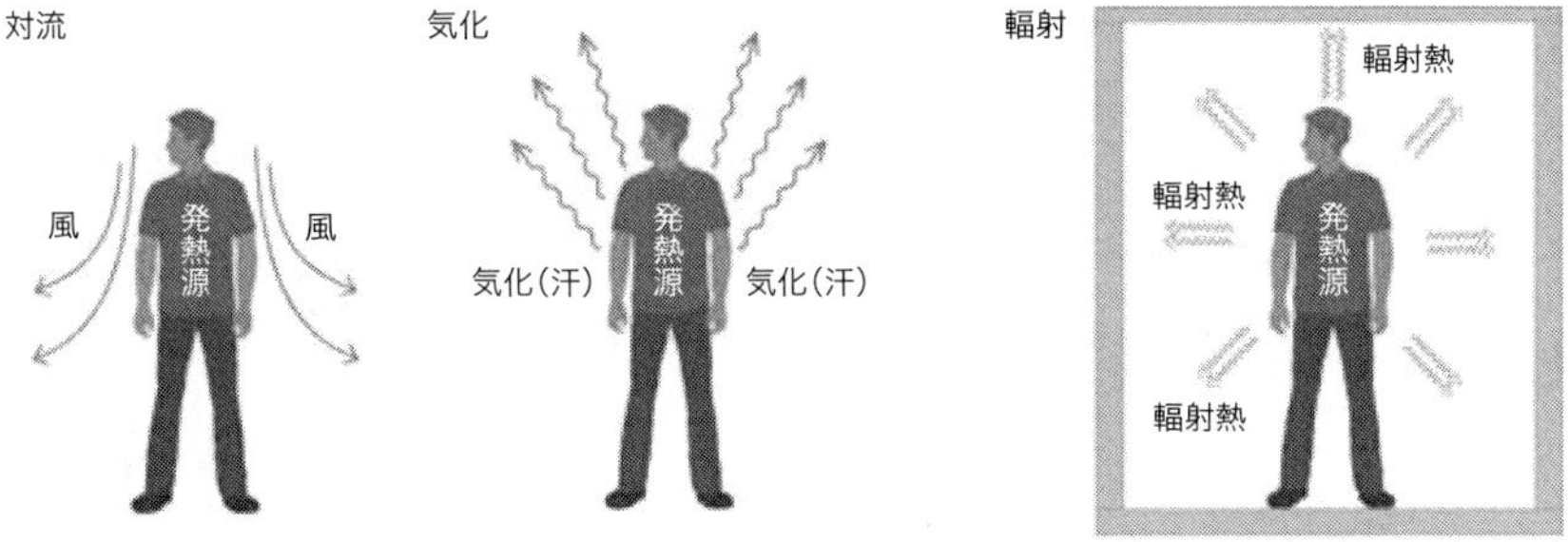

図4 人間と周囲環境との熱交換（対流、気化、輻射）

逆の調整をして深部体温を一定に保とうとする。熱の生産と放出バランスが崩れてスムーズに熱を放出できなくなると、不快なだけでなく健康にも支障がでる。熱中症もその一例だ。

身体と外部との熱交換には、図4のように「対流」「気化」「輻射（放射）」という3つの方法がある。身体でつくられた熱を放散する場合、一般的な熱放散比率は「対流40％、気化25％、輻射35％」。この熱交換比率の「輻射」を高めて「対流」の比率を減らすことができれば、不快の原因であるドラフトやそれに伴う温度ムラなどを避けることができるのではないか……。これが輻射空調の原点である。

■■■空気（気流）による従来空調の課題

前述のように、従来の空調は冷風や温風を吹き出して室内の空気をかき混ぜて希釈し、設定温度にする。冷房時は14℃程度の冷風を吹き出すため、人間の体温や室温との温度差が大きい（図5）。冷風の直撃は不快なだけでなく、血管を収縮させる。また、不快な要因となる室内の温度ムラや上下温度差も大きくなりやすい。

一方、暖房の場合は40℃程度の温風を吹き出して室内の空気を暖める（図6）。かなりの高温なので直撃されると不快だし、暖まった空気が上昇して上に溜まり、「頭や顔が火照るのに足元は冷える」といった状態になりやすい。

こうした課題を改善するため、空調メーカー各社はさまざまな取り組みや改善を重ねているものの、オフィスビルで働くワーカーの不満のトップには未だに「空調」が挙がっている。

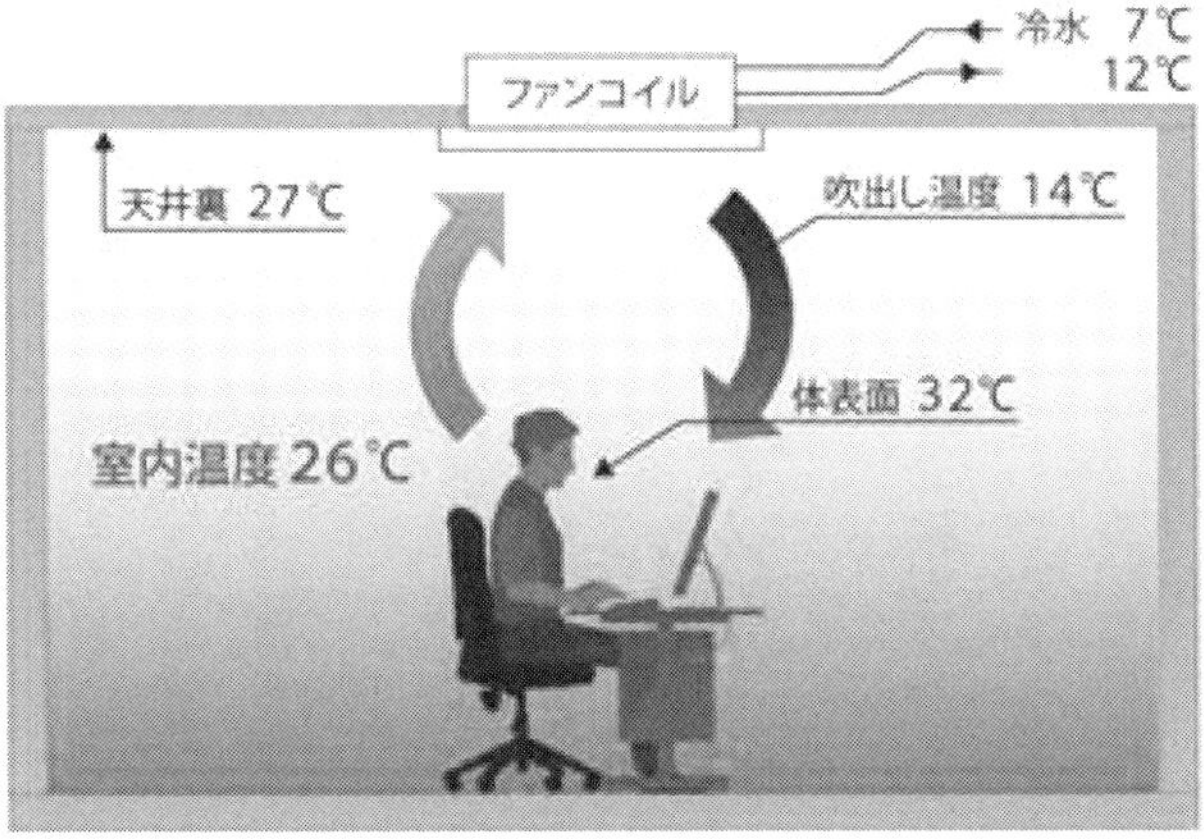

図５　従来の空調（冷房のイメージ）

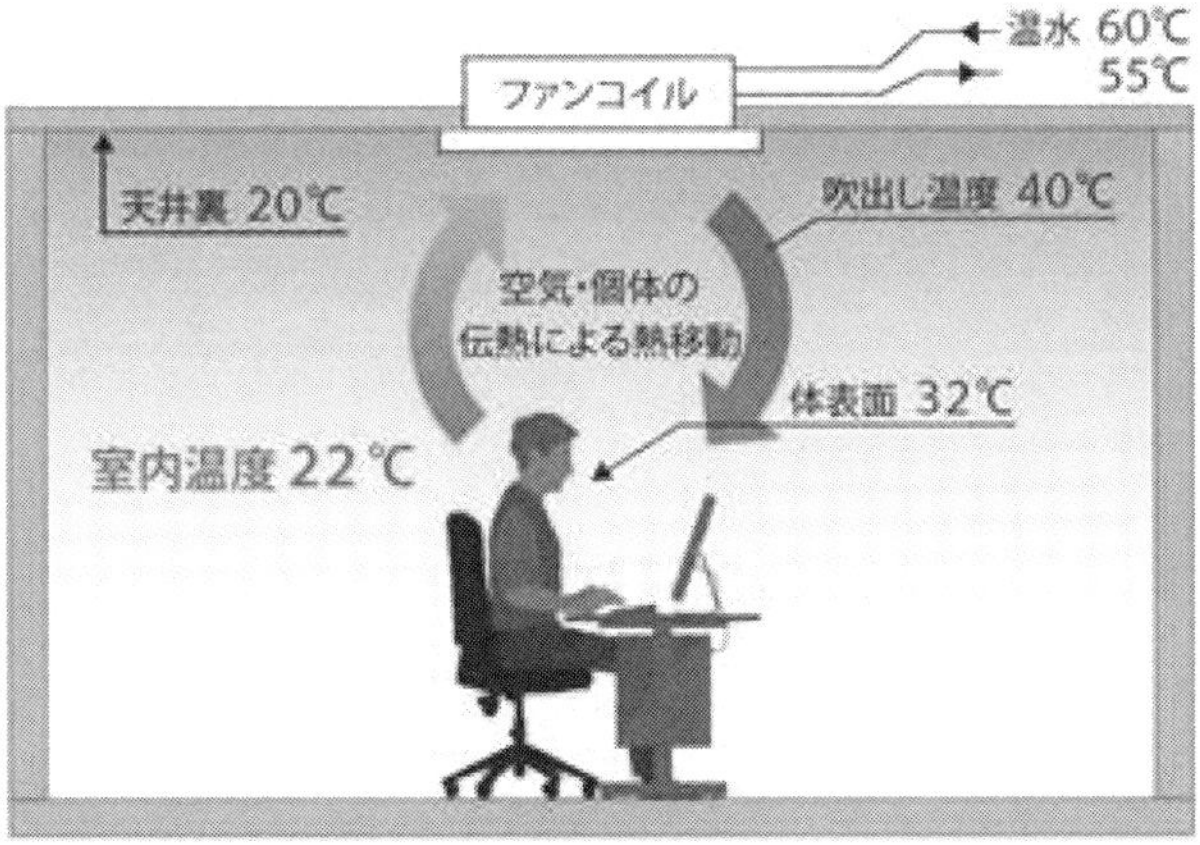

図６　従来の空調（暖房のイメージ）

■■■輻射空調が快適な理由

それに対して、輻射空調では天井などの「面」を冷房時は20℃程度に冷却し、暖房時は30℃程度に暖めることで、人体や室内との温度差を人工的につくり出す。この温度差を利用して室内で発生した熱を直接輻射で除去し、人体とも輻射で熱交換をするという仕組みだ。つまり、冷房時は身体から余剰な熱を輻射で除去し、暖房時は輻射面を体温と同じくらいにして、身体から必要以上に熱を逃がさないようにするというのが輻射空調の基本原理である。

輻射空調の場合、人間と周囲との熱交換比率は「対流30％、気化20％、輻射50％」。対流と気化の比率は低く、輻射による熱交換比率が高い。冷風や温風に頼らない空調なので、不快なドラフトや温度ムラ、室内の上下温度差を少なく抑えることができるわけだ。また、風量が少ないので大変静かであり、省エネルギー効果も高いなど、さまざまなメリットがある。

次に輻射の技術をみていこう。

■■■現在の主流は天井輻射空調システム

輻射空調にはいくつかのシステムがある。前述のように、輻射空調は室内に接する面の温度を冷却あるいは加熱して輻射で直接熱交換をする。そのため、室内の着席者との距離が一定で、設置の自由度も高い天井面を使う方法が現在の主流だ。

方法としては、天井メタルパネルを設置してパネルの内部に16～34℃の冷温水を循環させて温度差をつくり出し、輻射による熱交換を行う。そのため「天井（水）輻射空調システム」「天井放射空調システム」（輻射と放射は同義語）と呼ばれることが多い。

この他にも建物の躯体に冷温水を流し、躯体を直接冷やしたり温めたりする方式もある。輻射効果を利用する輻射空調システムの一種だが、一般的には「躯体蓄熱」方式と呼ばれる。

ここでは現在の主流である「天井輻射空調システム」に絞って話を進める。

■■■天井輻射空調による冷房の仕組み（図7）

輻射空調の冷房では、天井輻射パネルに16℃程度の冷水を流してパネル表面を20℃程度にする。人間の体表面は32℃程度なので、身体の熱はパネル面に移動するため、熱が放散されて涼しく感じる。

天井面が20℃程度となるため、天井パネルが結露しないように湿度を管理することが不可欠であり、室内の快適さを保つことにもつながる。なお、給気・換気は衛生度維持が目的なので風量は少なくてすむ。

■■■天井輻射空調による暖房の仕組み（図8）

一方、暖房の場合は天井面へ34℃程度の温水を流し、輻射面（天井輻射パネル表面）を人間の体表面温度とほとんど変わらない温度（約30℃程度）に温める。温度差が少ないので、身体から必要以上に熱が放散せず、暖かく感じる。人間の体表面温度が32℃、輻射面温度（天井輻射パネル表面温度）が30℃の場合、熱の移動はやはり身体から輻射面になるが、温度差がごく少ないため、身体から熱が放散される量は、夏の冷房時に比べて大幅に少なくなる。

従来空調と同様、加湿による湿度管理は必要だが、給気・換気は衛生度維持が目的なので風量は少ない。

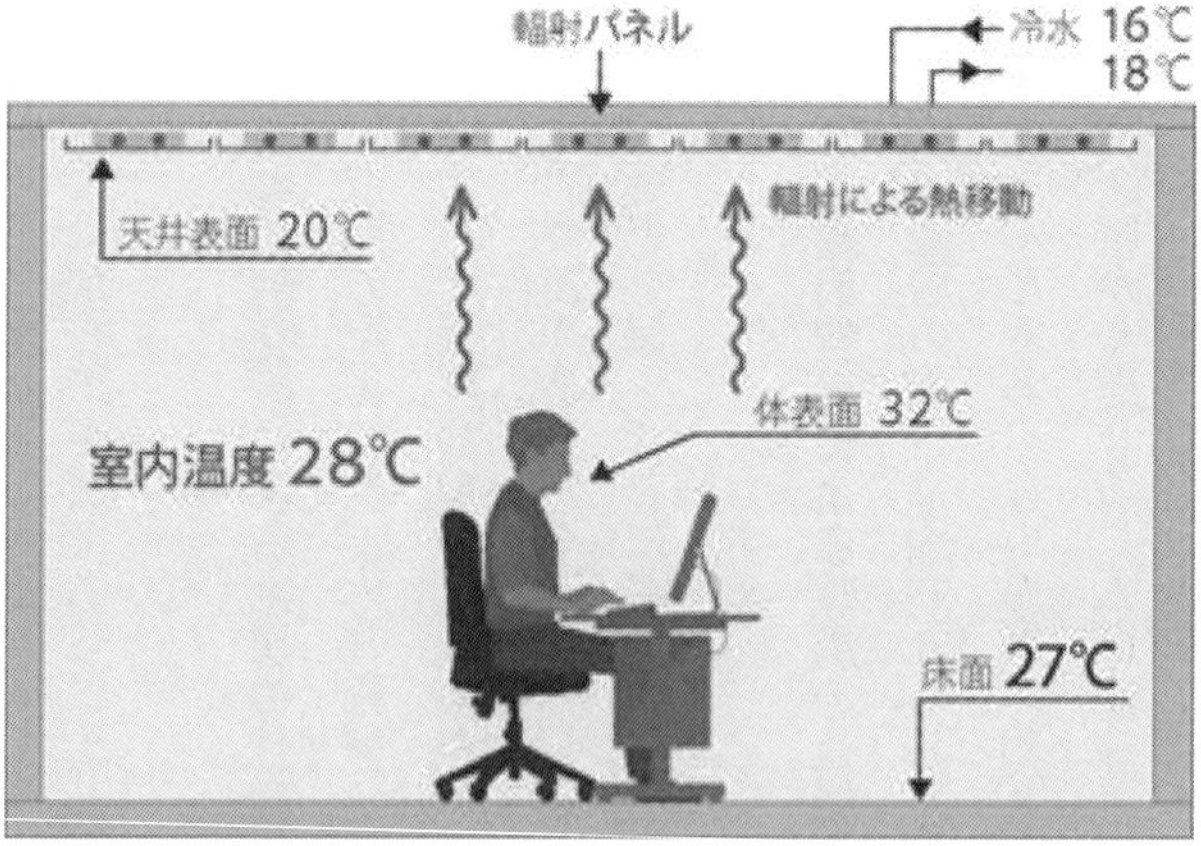

図７　天井輻射空調（冷房のイメージ）

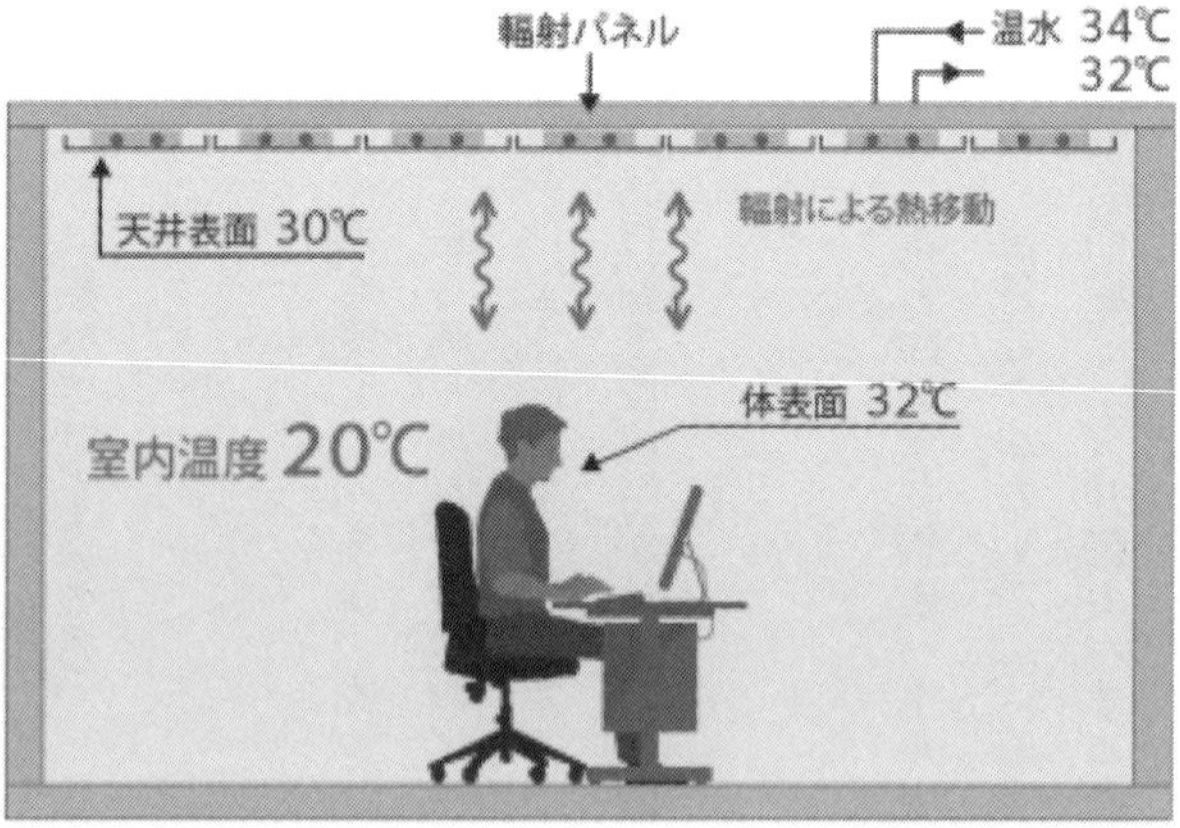

図８　天井輻射空調（暖房のイメージ）

輻射空調には「水式」と「空気式」がある

輻射空調を熱媒体で分類すると、水を熱媒体としたものと空気を熱媒体としたものに分類される。空気による熱搬送に比べ、水で熱を搬送する際の消費エネルギーは4分の1で済む。そのため、水を熱媒体とした輻射空調のほうが省エネルギーであり、現在の主流となっている。

また、水輻射パネルなどの熱交換エレメントの設置場所によって分類すると、図9のように「輻射パネル式」「埋設式」「張付け式」の3種類に分類される。「輻射パネル式」は、躯体から離して輻射パネルとして独立して設置する方法、「埋設式」は配管を躯体（コンクリートスラブ）に埋め込む方法、「張付け式」は躯体表面に薄いマット状の配管材を張り付け、漆喰などで仕上げる方法だ。

ここでは、現在日本で実績が多い輻射パネル式のシステムを説明する。

輻射パネル式の輻射空調の基本システムは、図10のように、A水輻射パネル、B熱交換ユニット、C外調機で構成されている。

水輻射パネルは天井材と一体になっており、夏期は16℃の冷水、冬期は34℃の温水を密閉回路とした配管内を循環させて、輻射パネルの表面から室内の顕熱負荷を除去する。密閉回路は、分岐ヘッダーに接続されているワンタッチ継手に延長ホースを挿入して接続する。輻射パネル同士も延長ホースを挿入して接続する。工具も不要で、挿入するだけの省施工・安心配管となっている（図11）。

熱交換ユニットは、プレート式熱交換器や循環ポンプのほか、密閉式膨張タンク、安全弁、エアセパレーターなどのユニットで構成され、機械室などに設置する。2次側（輻射パネル側）と1次側（熱源側）

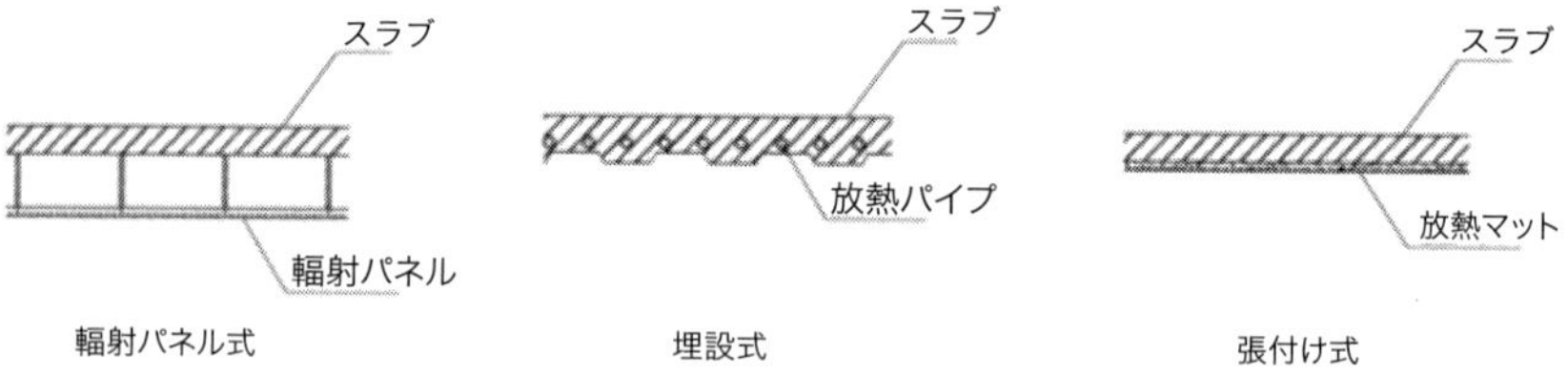

図 9　熱交換エレメントの設置場所別の分類

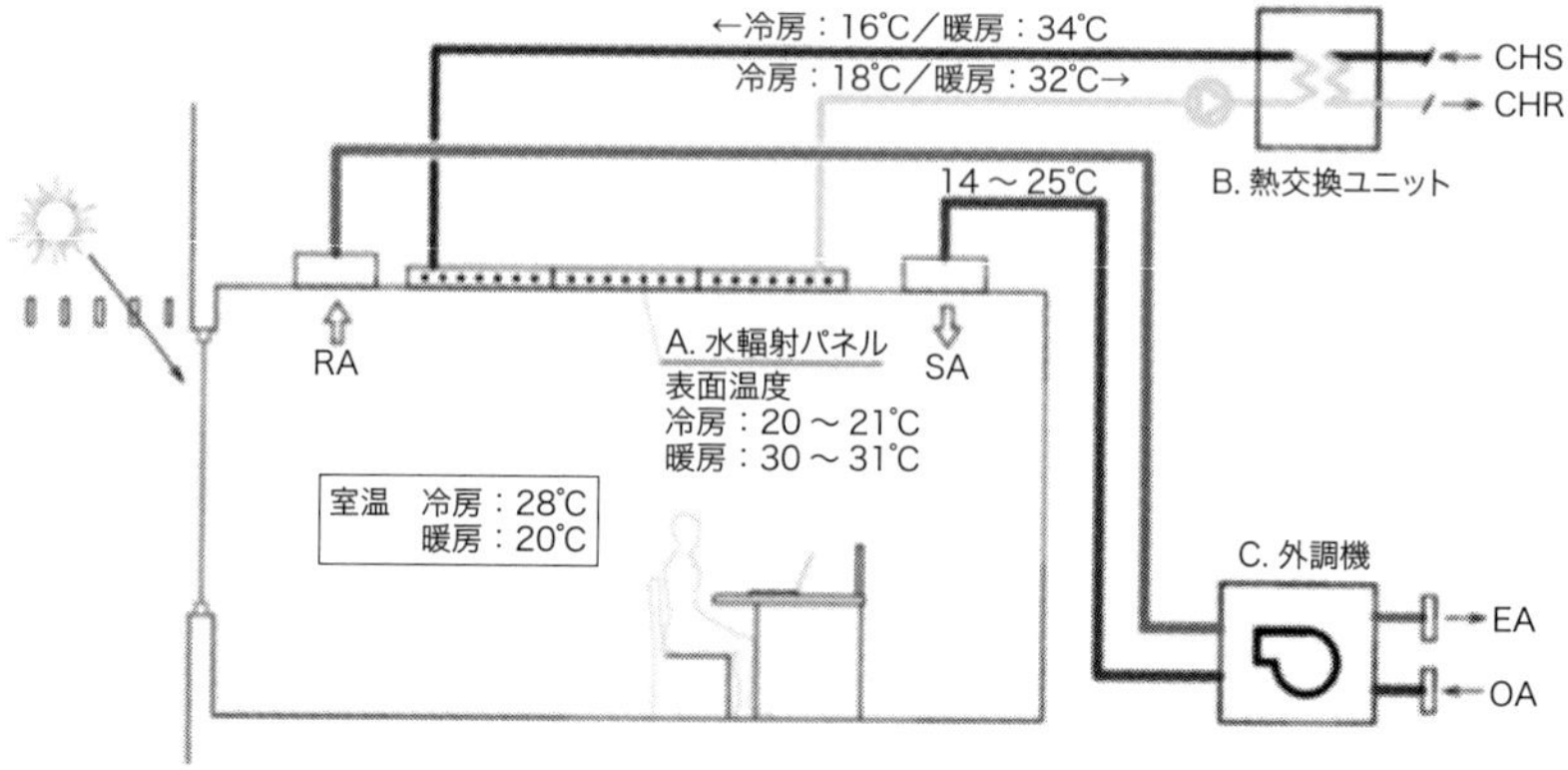

図 10　輻射パネル式の輻射空調の基本システム

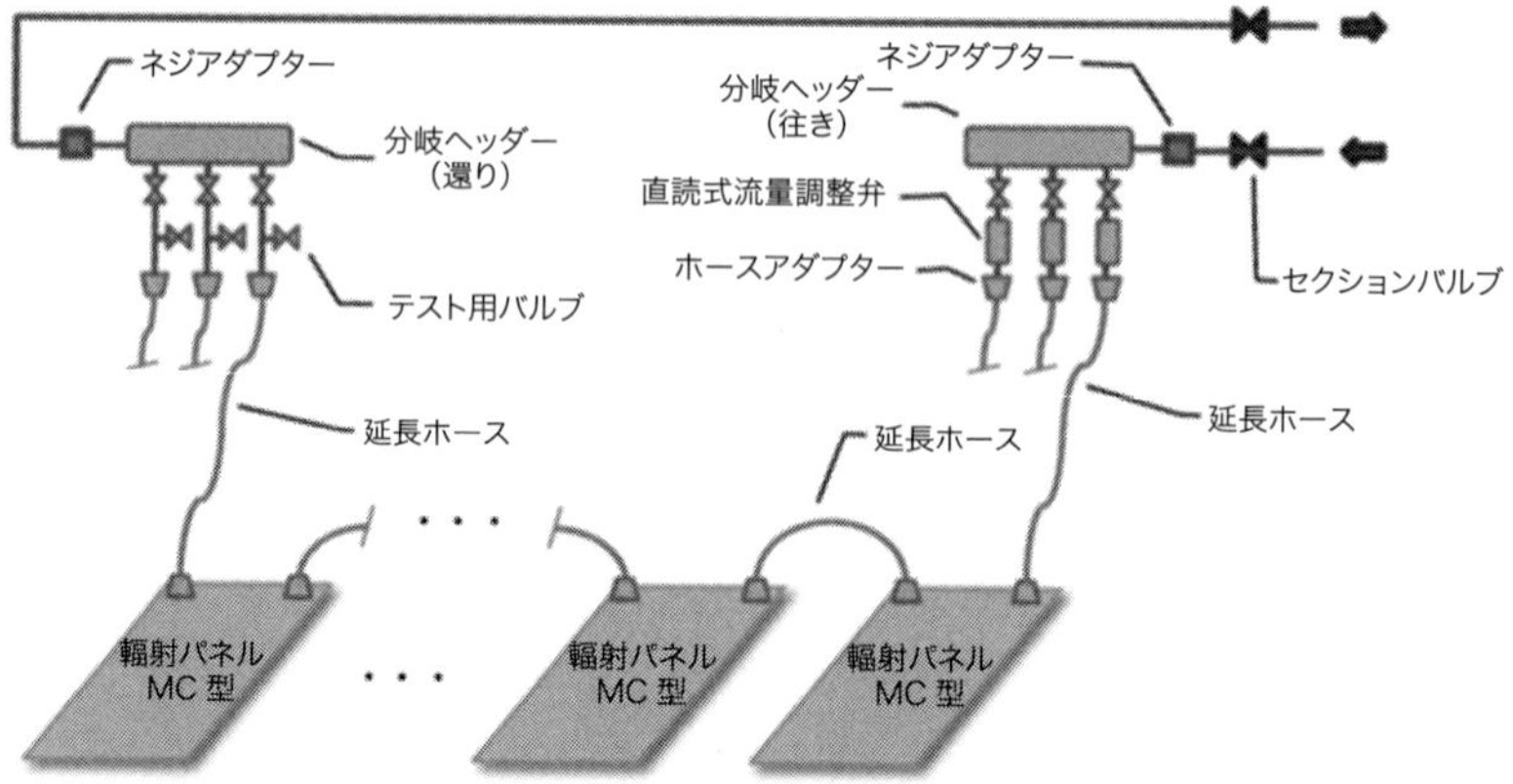

図 11　輻射パネル式の配管・接続の概念図

をプレート式熱交換器で分離し、熱のみをやりとりし、輻射パネルへの送水温度制御や流量制御を行う。熱交換ユニットから輻射パネルまでの2次側配管は、熱融着接合のポリプロピレン樹脂パイプを配管する。それによりネジによる締め付け部分がなくなり、水漏れの不安が完全に解消するとともに腐食にも強い長寿命配管が可能になる。

外調機では外気の温度と湿度を調節し、室内潜熱の対応（除湿）を行う。輻射パネルによる顕熱負荷除去が足りない場合には、新鮮空気の吹出し温度を制御して補助冷暖房としても使う。輻射パネルは一般的に顕熱処理（温度調整）のみであり、潜熱処理（除湿）には外調機や除湿機を用いる。結露許容型の輻射パネルもあるが、衛生面に課題があるため、ここでは顕熱のみ除去する輻射パネルを取り上げて説明する。

■■■最新の高能力輻射パネル

図12は、オフィスビルに多いグリッド天井に使われる600㎜×1200㎜モジュールの輻射パネルだ。トヨックス社が2014年に開発した製品で、アルミ製の天井パネルに、樹脂製放熱マットを高熱伝導エレメントで積層した構造となっている。1枚の重量は3・5kg（4・9kg／㎡）と超軽量だが、冷却性能は現在、70W／㎡（室温26℃、平均送水温度17℃）という高性能が特徴である。さらに高性能なパネルの開発も進んでいるという。

なお、輻射パネルの冷却能力と加熱能力は、輻射空調がすでに標準化されている欧州のEN規格に準拠している。

輻射空調の性能を活かす設置方法

輻射パネルは天井に設置するため、照明機器や防災機器の配置計画を検討する必要がある。しかし、図13のように3600㎜×1800㎜モジュールで構成されたコンポーネントを用いれば、照明、スピーカー、火災報知機などの機器の合理的な配置計画ができる。

輻射効果を活かすには輻射パネルの設置率を最低限50％以上にする必要があるが、この基本モジュールで設置すれば、輻射効果を最大限に活かすことできる。

輻射パネルの敷設率を50％以上としている理由は、夏の冷房時にMRT（平均輻射温度）を室温より1℃低くするために必要な敷設率だからである。MRTを1℃低くすれば、従来の空調より1℃程度高く設定しても、快適な空間を維持できる。

輻射パネルの結露対策

夏の冷房時に輻射パネル表面が結露しないよう、送水温度は16℃以上に設定する。しかし、窓の開放などで突然湿気の多い外気が入ったり、除湿器が故障したりする場合を考え、結露する可能性が高い場所に結露センサーを取り付けた輻射パネルを設置する。結露センサーが結露を検知すると、輻射パネルへの送水をストップして結露を防止するという仕組み。

結露しない状態になれば、結露センサーが自動的に判断して再び送水を開始し、冷房が自動復帰する。

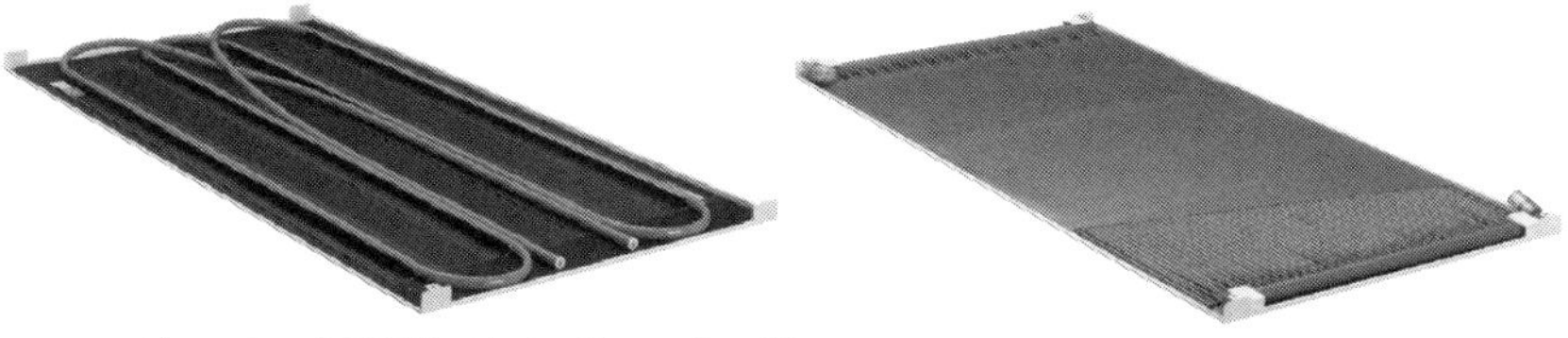

図12 グリッド天井用輻射パネル(トヨックス製)

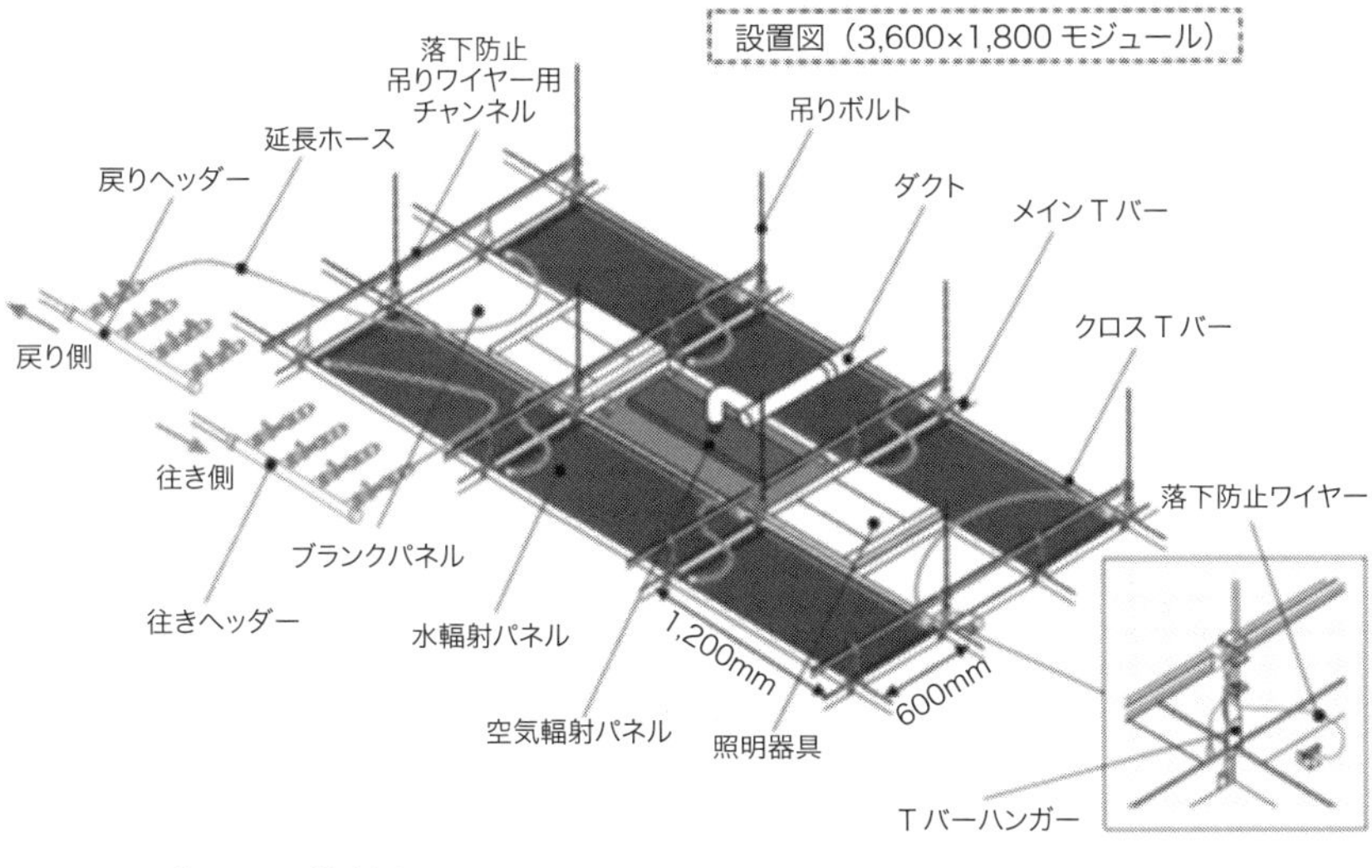

図13 コンポーネント構成例

天井を温めても火照らない理由

輻射空調では、天井面から暖房しても頭や顔が火照らない。なぜならパネル表面の温度が人間の体表面温度の32℃以下になるよう、送水温度を34℃（パネル表面温度30℃）に設定しているからだ。

ここで輻射の原理を思い出してほしい。輻射では温度が高い物質から低い物質へ熱線を介して熱が移動する。その量は温度差が大きいほど多くなる。つまり、パネル表面温度が人間の体表面温度より低ければ、輻射熱は人間から天井パネルへ移動する。だから頭や顔が火照ったりしないのだ。人の表面温度は平均32℃なので、暖房時の送水温度をそれ以上にしないことがポイントになる。

輻射パネルは天井材でもある

輻射パネルには冷暖房機能だけでなく、天井材としての機能が求められる。

意匠性を考え、パネルは白色で艶をおさえた洗練されたデザインとし、岩綿吸音板と同等以上の吸音性能がある。そのため、音の反響が少なく、静かな空間を実現できる。

また、天井裏の設備点検時に簡単に開閉できるよう設計されている。輻射パネルは4本のワイヤーで吊り下げてあり、万が一、地震時にパネルが外れても落下しない。

以上のように意匠性、吸音性能、メンテナンス性、安全性など建築的な機能も備えている。

輻射空調のメリット〈健康面〉

ここまで輻射空調の原理と仕組みを説明するなかで輻射空調の特性やメリットに触れてきたが、改めて

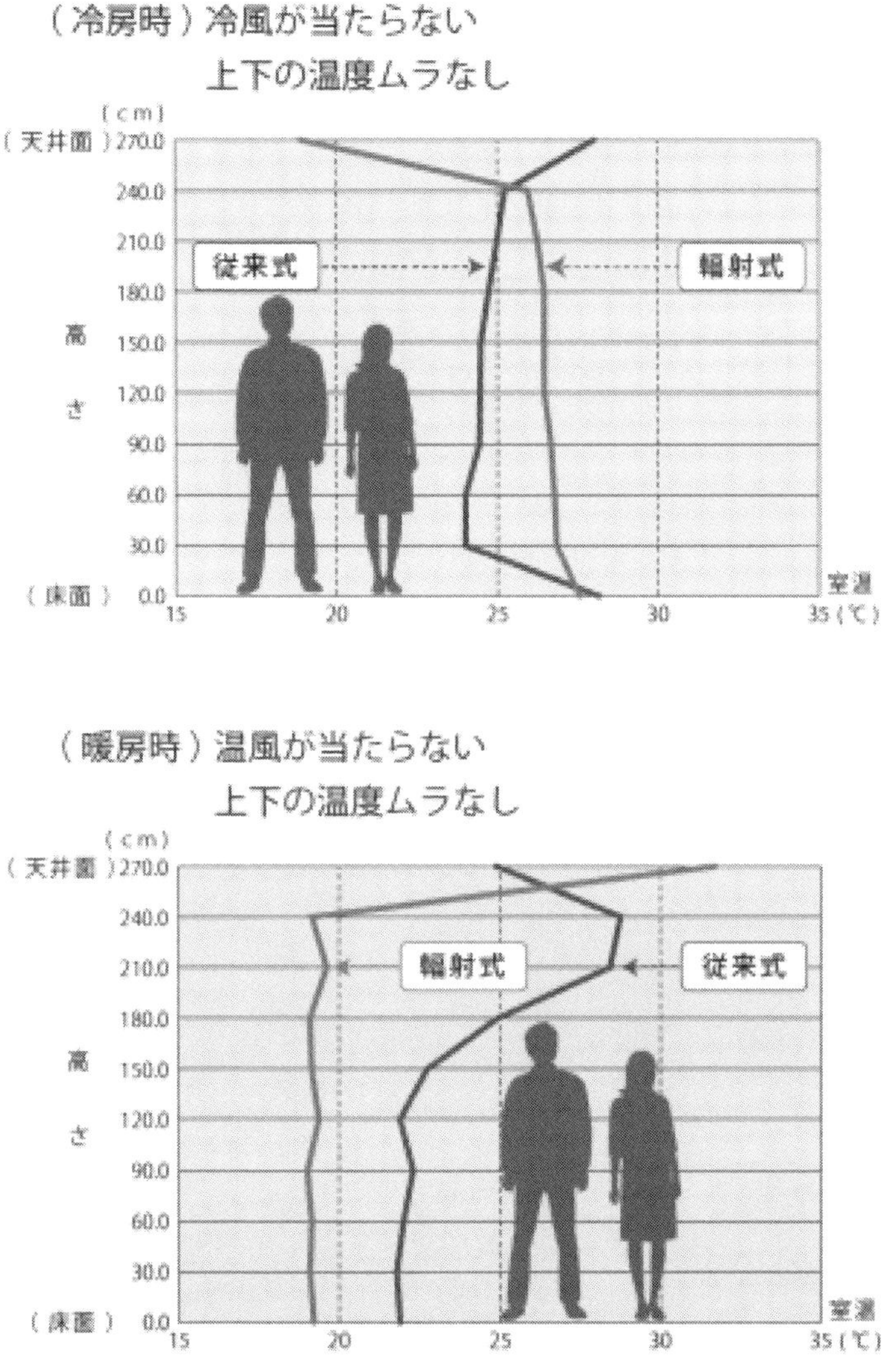

図14　従来式と輻射式の垂直温度分布の違い

輻射空調のメリットをまとめておこう。繰り返しになる部分もあるが、お許し願いたい。

まず、健康面では、第1に「心地よさ」が挙げられる。空気を媒体とせず、直接輻射で体温と調和させる空調なので身体への負担が少ない。同時に風量が少ないため、室内の気流速が小さく、埃が舞い上がらないクリーンな空調である。

第2に「均一な温度分布」。天井全面を使って熱のやり取りをするので、室内上下に均一な温度となる(図14)。部屋全体もムラなく冷暖房できる。

第3に、足元が冷えたり、頭や顔が火照ったりしない。これは室内の上下温度差が少ないことや、前述の輻射による熱のやり取りの特性による。

第4は「静寂性」。送風量が少なくてすむため、動力音や風切り音がほとんどしない。輻射パネルの吸音性能も高い。

第5は、冷温風の直撃がない。送風・給気は衛生面の維持に使われる分だけなのでほとんど気流がなく、わずかな気流も室温との温度差が少ない。

上記のように身体への負担が少ない空調であり、長時間いても冷房病や体調不良などを起こしにくい健康的な空調といえる。

■■■輻射空調のメリット〈環境面・経済面〉

輻射空調は地球環境にも負荷が少なく、長期的にみると経済的なメリットも期待できる。

第1に、冷房時に設定温度を2℃程度高くしても、輻射の効果で同等の快適性が得られる。その分、エネルギー使用量を削減できる。

第2に、16～34℃の水が使用できるため、井水や大気熱などの自然エネルギーを活用できる可能性が広がる。

第3に、搬送動力が水は空気の4分の1で済むため、大幅な省エネルギーになる。

第4に、メンテナンスが簡単でランニングコストが低い。輻射空調は送風に関わる保守が少なく、輻射パネル自体のメンテナンスはほとんど必要ない。そのため、ランニングコストやライフサイクルコスト（LCC：建物の建設から解体除去までにかかる生涯費用）が下がる。

第5に、部材の寿命が長い。ファンなどの可動部分が少ないため、耐久性が高い。輻射パネル自体の寿命は30年以上であり、これも省資源やライフサイクルコストの低減につながる。

第6に、送水温度が高いため保温材や配管材が簡易で済み、部材の分離再利用もできるなど、廃棄に関してもエコロジーである。

第7に、天井内の設備・ダクトスペースが少なくて済むため、階高を抑えることができ、高さ制限のある場所ではフロアを増やせる可能性もある。既存ビルでは輻射空調を導入することで天井を高くできる。さらに機械室の小型化により、総建築費を削減できる可能性もある。これらはビルオーナーにとって大きなメリットになる。

■■■輻射空調のデメリット

一方、輻射空調には次のようなデメリットがある。

第1に、天井全体が設備面であり、輻射パネルや部材なども まだ完全には汎用化していないため、現状ではイニシャルコストが高い。

第2に、これまであまり重視されていなかった湿度管理をきちんと行う必要がある。そのため快適性は高まるが、その部分の設備費がかかる。

第3に、システムに「室温」「湿度」「輻射」などが含まれるため、制御の連携が不可欠になる。

第4に、採用できない建物や場所がある。熱負荷が高いサーバールームや、常に外気が入るロビーやエントランスなどには向かない。天井が高い劇場や体育館も採用には十分な検討が必要になる。

第5に、穏やかな空調であり、長時間いても身体への負担が少ない反面、急激に冷やす（温める）ことができない。たとえば、夏に汗だくで戻ってきたときなどは物足りなさを感じる人もいる。

第6に、天井面の施工精度が求められる。また、輻射パネルには熱伝導性の高い素材を使用するため、意匠面で制約がある。

コラム2

〈鉄人は知っていた〉

日本野球界の「鉄人」、衣笠祥雄選手。1987年に連続出場世界記録を樹立し、国民栄誉賞に輝いた。これはその翌年、テレビ番組の「徹子の部屋」に出演したときの話。

「あなたは鉄人といわれているけれど、どういう生活をしているの」

直球で切り込んだ徹子さんに、

「いやあ、普通の人と変わりありませんよ」と微笑む衣笠選手。

徹子さん、そんなことではあきらめず、

「でも、何か秘訣があるんでしょ」と食い下がる。

「強いて言えば……」と衣笠選手、「レストランに入ると必ず天井を見るんですよ」。

「天井を？」

「天井にエアコンの吹き出し口があるでしょう。僕はいつもそこから一番遠い席に座るようにしているんです。遠征先のホテルでも同じ。ミーティングルームのエアコンの吹き出し口から一番遠い席に座ります」

さらに「広島の夏はとても暑いのですが、我が家では一度もエアコンを入れたことはないし、半袖シャツも持っていません。これが秘訣といえば秘訣かも……」。

意外な答えに唖然とした徹子さんの表情が印象的だった。

衣笠選手が「鉄人」たる秘訣、あなたはどう思われただろうか。

■■■輻射空調普及の課題と要件

ここまでメリット・デメリットをみてきたが、輻射空調がさらに普及するための課題や要件を考えてみよう。

第1に「コストダウン」が挙げられる。イニシャルコストが下がれば導入しやすくなり、それによって需要が増えれば部材のコストダウンにつながる。これは〝卵が先か鶏が先か〟の問題だが、メーカーのさらなるコストダウン努力はもちろんとして、導入事例を増やすには輻射空調に関する情報・技術の提供、設計者や施工者に対する啓蒙や教育なども必要だ。自然エネルギーを活用できる環境技術として公的支援などの施策にも期待したい。

第2に「漏水対策」。これまで漏水事故による設備クレームはないと聞いているが、今後とも絶対に漏水が起こらないシステムであることが普及の必須条件であろう。それには品質管理はもとより、高い施工精度が求められるため、輻射空調の施工知識・技術の啓蒙などが不可欠だ。また、万が一漏水が起こった場合の保証も欠かせない。

第3に、輻射空調の性能を発揮させるには、建物の気密性、躯体の断熱性を高め、開口部にも日射を遮る庇や断熱性の高いガラスを使用するなど、外部からの負荷を少なくする必要がある。これは省エネルギーにつながるため、輻射空調に限らず推進すべきことだ。また、システムの構成部材も環境負荷が小さいものであること。

第4に、地震が多発する日本では地震対策が欠かせない。天井材の落下防止の対策がとられている製品もあるが、すべての製品・システムで万全の地震対策が不可欠である。

第5に、インテリアの一部を構成するものなのでデザイン性も重要な要素。幅広い用途に普及させるには間仕切りや照明計画に対して自由度が高く、さまざまな空間に調和する意匠性が求められる。

進化する輻射空調と今後の展開

1　ZEB化と輻射空調

日本では最終エネルギー消費の3割以上を民生部門が占めており、その過半が業務部門（オフィスビル、小売店舗、病院、学校等）である。これらの省エネルギー対策は喫緊の課題だ。そうしたなかで、エネルギー消費をほぼゼロにする「ゼロ・エネルギー・ビル（ZEB）」への取り組みが進んでいる。経済産業省では「2030年までに新築建築物全体をZEB化すること」を目標に掲げている。

ZEB化の推進には、第1に「省エネルギー技術向上とエネルギー消費の削減」、第2に「再生可能エネルギーの活用」、第3に「室内環境とエネルギー性能・システムの最適化」が挙げられる。特に建物のエネルギー消費のなかで半分近いエネルギーを占めている空調の技術革新は不可欠であり、その中心的役割を輻射空調が果たす可能性が高い。

輻射空調は、搬送動力が空気の4分の1ですむ水を使用するため、大幅な省エネルギー効果が見込めるうえに、井水や外気などの自然エネルギーも活用できる。さらに省エネと快適性を両立できる。資源エネルギー庁でも、今後期待される技術革新のひとつとして「輻射（放射）空調」を挙げている。

こうした流れを受け、近年、輻射空調を導入する建物が増えてきた。建物の断熱・気密性能がアップしたことや、LED照明やOA機器の省エネ化で室内の冷房負荷が低減されたこと、輻射パネルの冷房能力

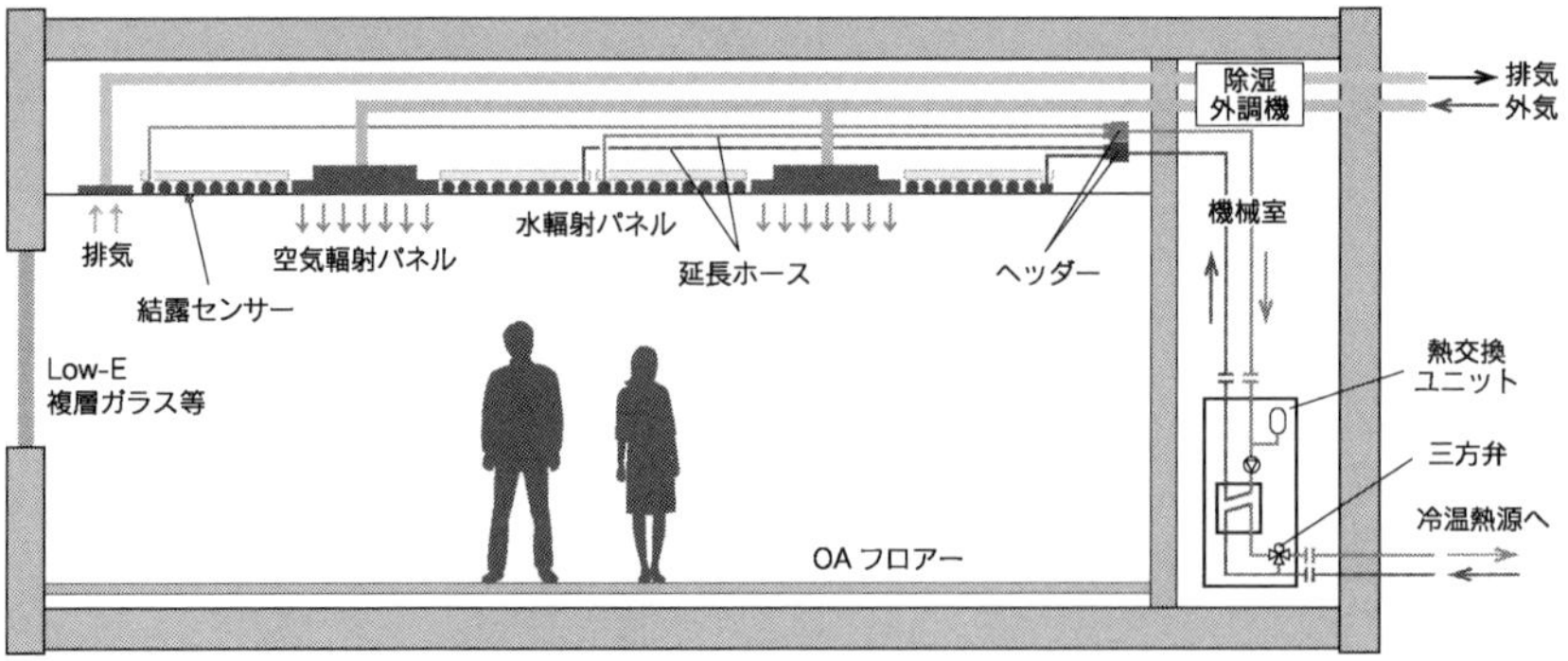

図15　ハイブリット輻射空調システム概念図

が高まり、80W／㎡を超す製品が開発される可能性もあり、普及を後押しするものと思われる。

2　進化する輻射空調——ハイブリッド輻射空調システム

新しい輻射空調システムも開発されている。

そのひとつが顕熱を処理する水輻射パネルと、顕熱処理だけでなく調湿した新鮮空気を供給する空気輻射パネルを組み合わせた「ハイブリッド輻射空調システム」である（図15）。

冷房時は、熱交換ユニットから16℃の冷水を水輻射パネルに通水循環させる。還りの水温は18℃前後となって熱交換器に戻る。そこで再び16℃に冷却し、水輻射パネルへ循環させる。室内が設定室温の27℃になると、配管途中に取り付けた制御バルブが閉まって送水を止める。設定室温より室温が上がると制御弁が自動的に開き、送水を開始する。

一方、外調機で調質・除湿した新鮮空気はダクトを通って空気輻射パネルから供給される。風量は1枚当たり最大が85㎥／hと少なく、気流や騒音はほとんどほとんど感じない。

空気輻射パネルと水輻射パネルは統一されたデザインになっており、3600㎜×1800㎜の基本モジュールに対して600㎜

×1200㎜のパネルを9枚設置する仕組み。標準設置枚数は水輻射パネル6枚、空気輻射パネル1枚、設備および照明パネル2枚の組み合わせとなる。

3 進化する輻射空調——自然エネルギーの活用

輻射空調は、従来の空調には適していなかったさまざまな自然エネルギーを活用できる。この特性を活かして熱源に自然エネルギーを使うことで地球環境負荷を減らし、ランニングコストを削減する取り組みが進んでいる。使用可能な自然エネルギーとしては井水、外気、地中熱がある。

〈井水〉井水温度は年間を通じて14~15℃程度と安定している。従来の空調では、14~15℃では冷房に利用するには高温すぎてほとんど活用されていなかった。しかし、輻射空調に使用する冷水温度は16℃程度であり、井水が活用できる可能性が大きく広がった。

本書の第4章で紹介している「電算新本社ビル」は井水を使った例である。

〈外気〉電力を使わず、外気を利用して冷水をつくる「フリークーリング」という方法がある。外気温度の低い中間期や冬期、夜間に限られるが、外気を利用して冷却塔単独で冷水をつくるため、大きな省エネルギー効果が期待できる。冷水温度が外気に左右され、比較的温度も高いため、従来の空調では利用できなかったが、使用する冷水温度が高い輻射空調では最大限活用できる。

フリークーリングは、本書第4章で紹介している「大手町ビル」や「茅場町グリーンビルディング」に採用されている。

〈地中熱〉関東地方の場合、地下の年間温度変化は地下5mで3℃程度。地下10mでは温度変化はほとんどなく、16・3℃程度で安定している。この地中熱をヒートポンプの熱源として利用すれば、冷水製造にかかる電力を大幅に削減できる。使用できる送水冷水温度が16℃である輻射空調ならば、そのメリットが最大限に活かせる。

以上のように、輻射空調は自然エネルギーの活用に扉を開き、そのポテンシャルを最大限に活かすことができる。従来の空調とは別次元の省エネを達成できる空調といえるだろう。

4 進化する輻射空調——輻射空調を補完する「チルドビーム」

輻射空調の長所を活かしつつ、さらに幅広い建築条件に対応し、熱負荷特性の課題を解決する方法として「天井輻射パネル」と「チルドビーム」を組み合わせる方法が開発されている。

チルドビームには、パッシブチルドビームとアクティブチルドビームがある。

パッシブチルドビームは、コイルで冷却された空気を自然対流の効果でゆっくり室内へ落下させる仕組みで、冷房のみに使われる。

一方、アクティブチルドビーム（図16）は、外気の一次空気のノズルで室内空気を誘引してコイルで冷却し、コアンダー効果[*1]で天井面にそって吹き出す仕組み。電気的可動部はなく、対流による空調である。1台の冷房能力が最大1500〜2000Wと大きく、通過する空気の速度が低いため、騒音レベルもスタジオや図書館レベルに近い30dBと静かだ。使用する冷水温度も天井輻射パネルとほぼ同温度であるため、輻射空調と相性がよく、コイル面の結露もない。

天井輻射パネルとアクティブチルドビームは最強の組み合わせである。

＊1 コアンダー効果とは気体や液体の噴流が壁に沿って流れる特性をいう

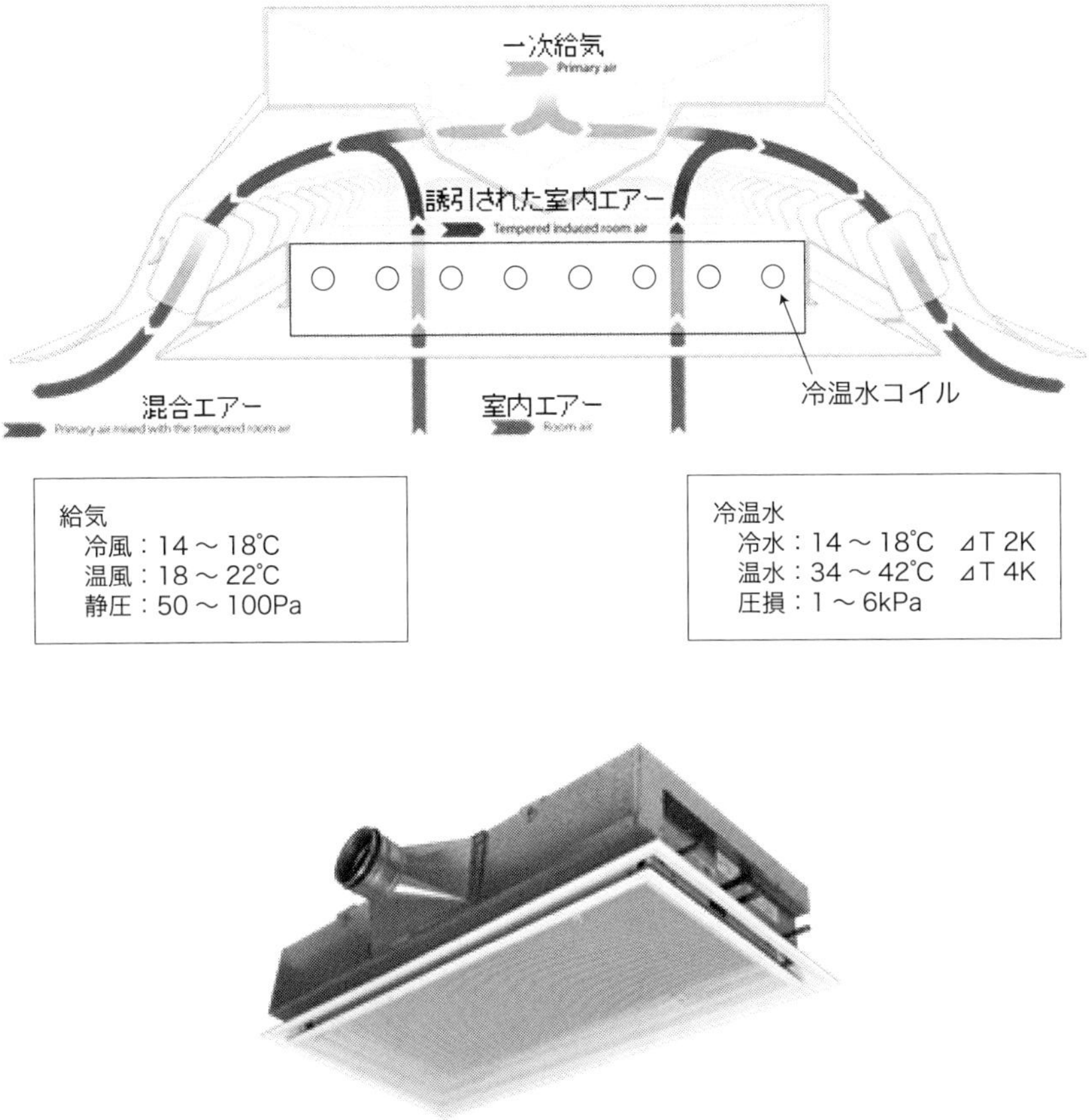

図16　アクティブチルドビーム（ACB）の原理図と本体写真

では、実際の使い方をみてみよう。

◆ビルのコーナー部分の個室や役員室に活用する

日射の影響を受けやすい東南面の個室や役員室などは天井輻射パネルだけでは能力が足りず、要求される温度に即応できない場合がある。こうした場合、アクティブチルドビームを組み合わることで熱負荷のピーク時にも対処できるだけでなく、換気と気流も確保できる。制御はアクティブチルドビームの冷温水バルブで行う。

また、会議室などは、アクティブチルドビームの冷暖房機能と外気導入機能を使い、バルブとＶＡＶ（可変風力制御装置）で制御する。

◆オフィスビルのペリメータ部分に活用する

アクティブチルドビームは、オフィスビルのペリメータ部分にも有効である。図17のように天井輻射パネルとアクティブチルドビームを組み合わせることで、さまざまな負荷対応が可能になる。なお、アクティブチルドビームには2方向吹き出しと4方向吹き出しがあり、それぞれの吹き出し風量を設定できる。

◆天井輻射パネルとアクティブチルドビームの2段階制御

図18に示すように、第1段階として天井輻射パネルのバルブが比例制御され、ピーク負荷に対してはアクティブチルドビームのバルブが補助として作動する。なお、換気はアクティブチルドビームで常時確保される。

◆アクティブチルドビームの多機能コントローラ

図19のように、人感センサーによって照明設定、温度、外気供給を制御することができる。多機能コン

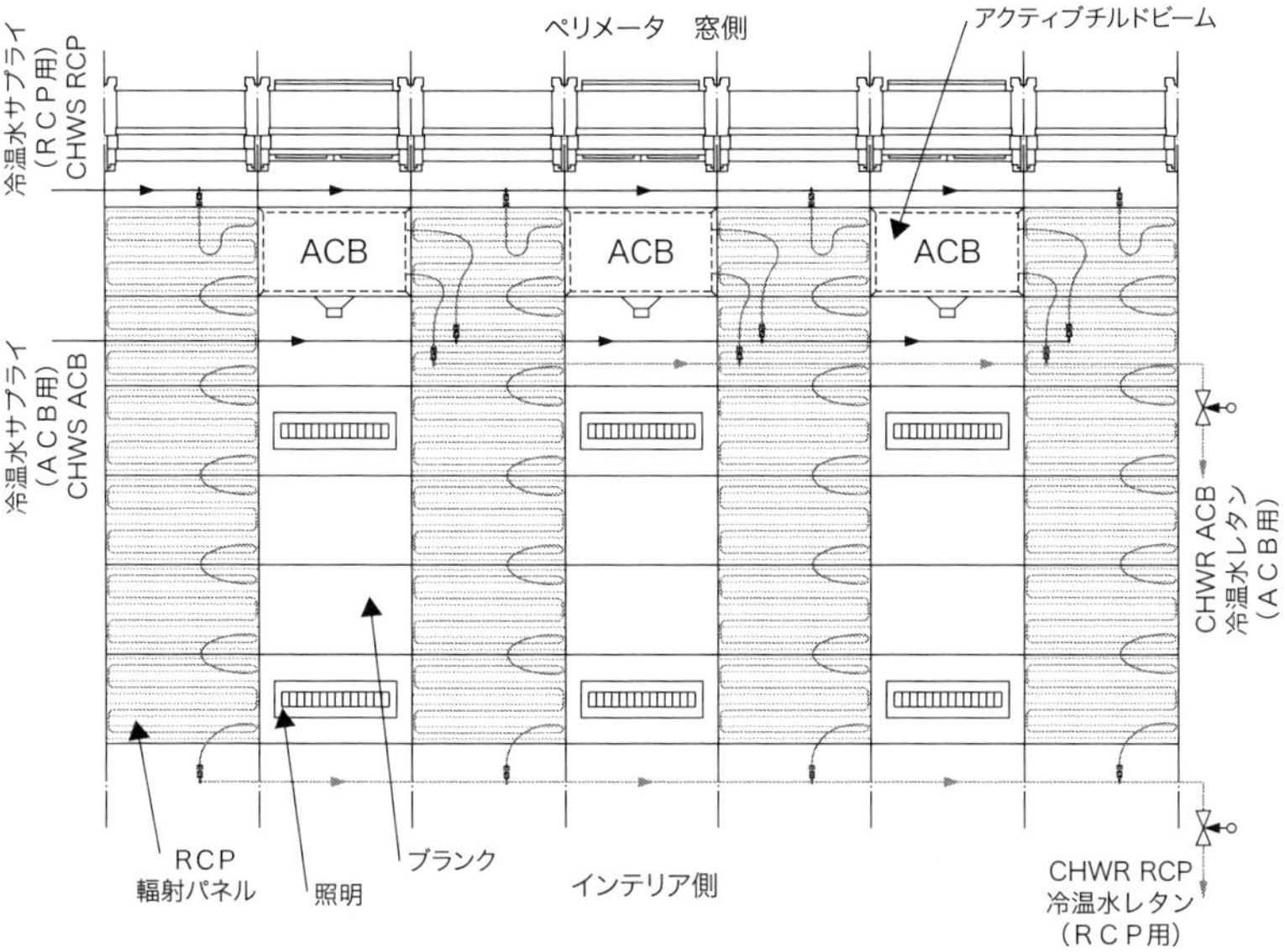

図17 ペリメータ部分のレイアウト

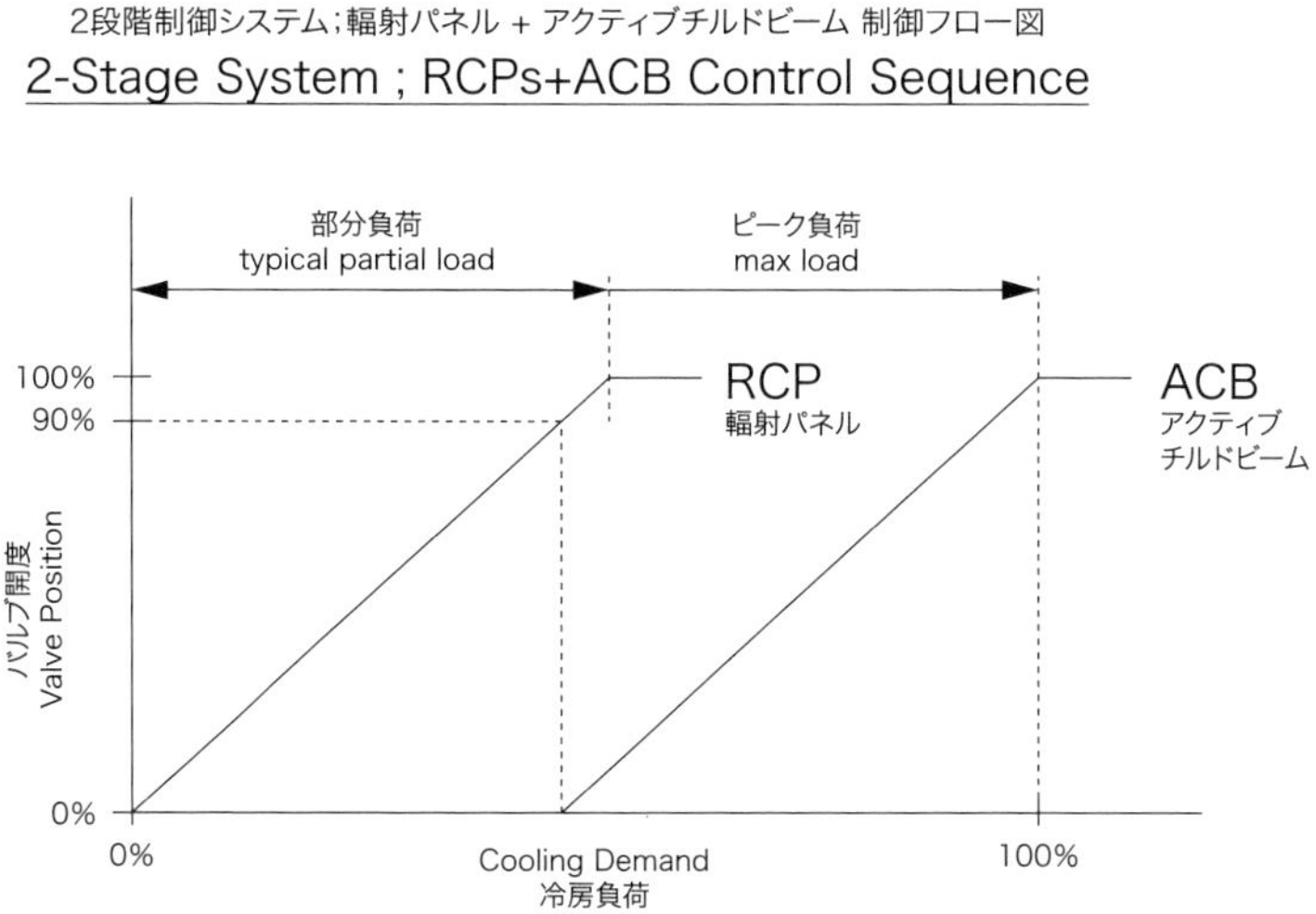

図18 RCP（天井輻射パネル）とACB（アクティブチルドビーム）の２段階制御

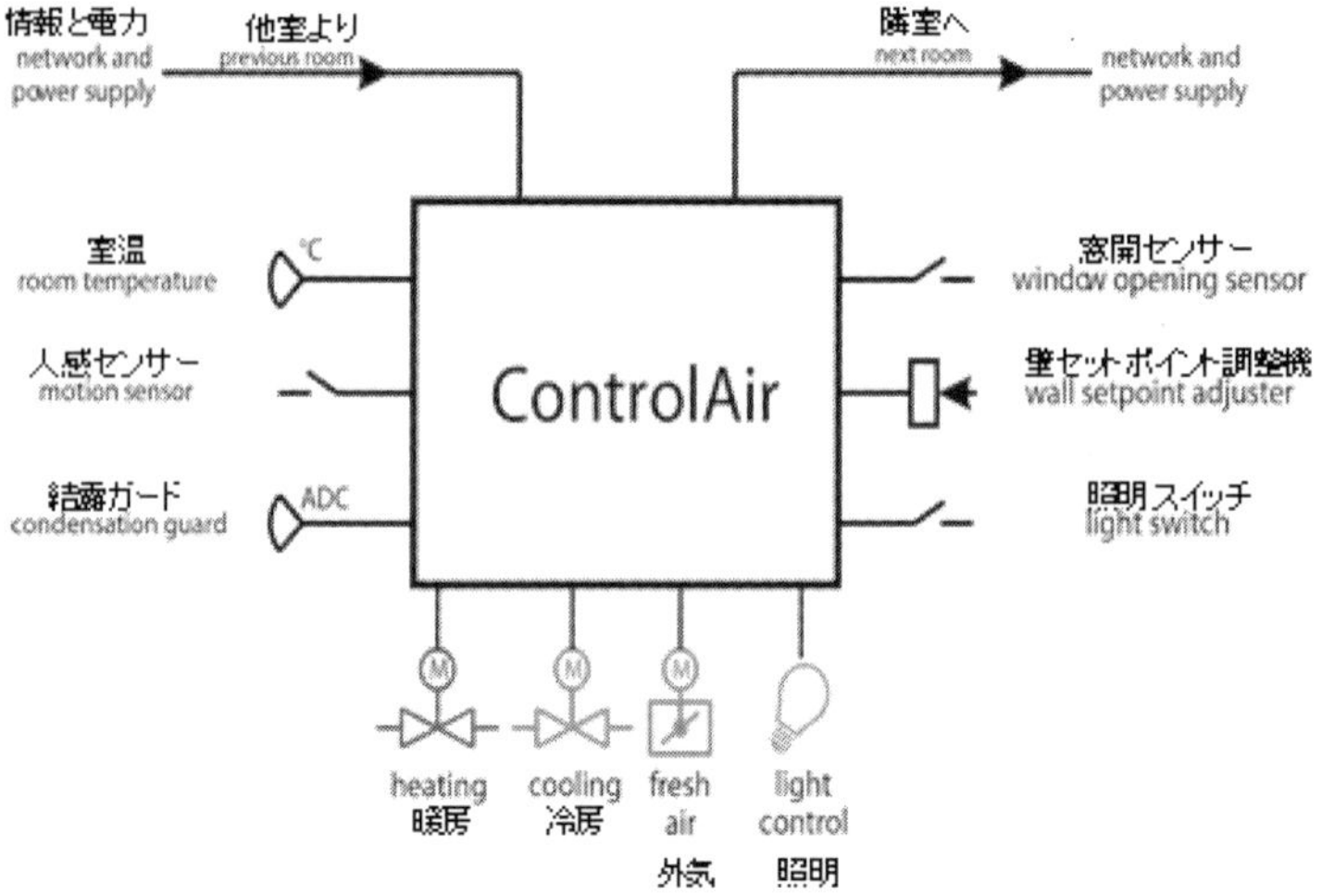

図19　多機能コントローラ

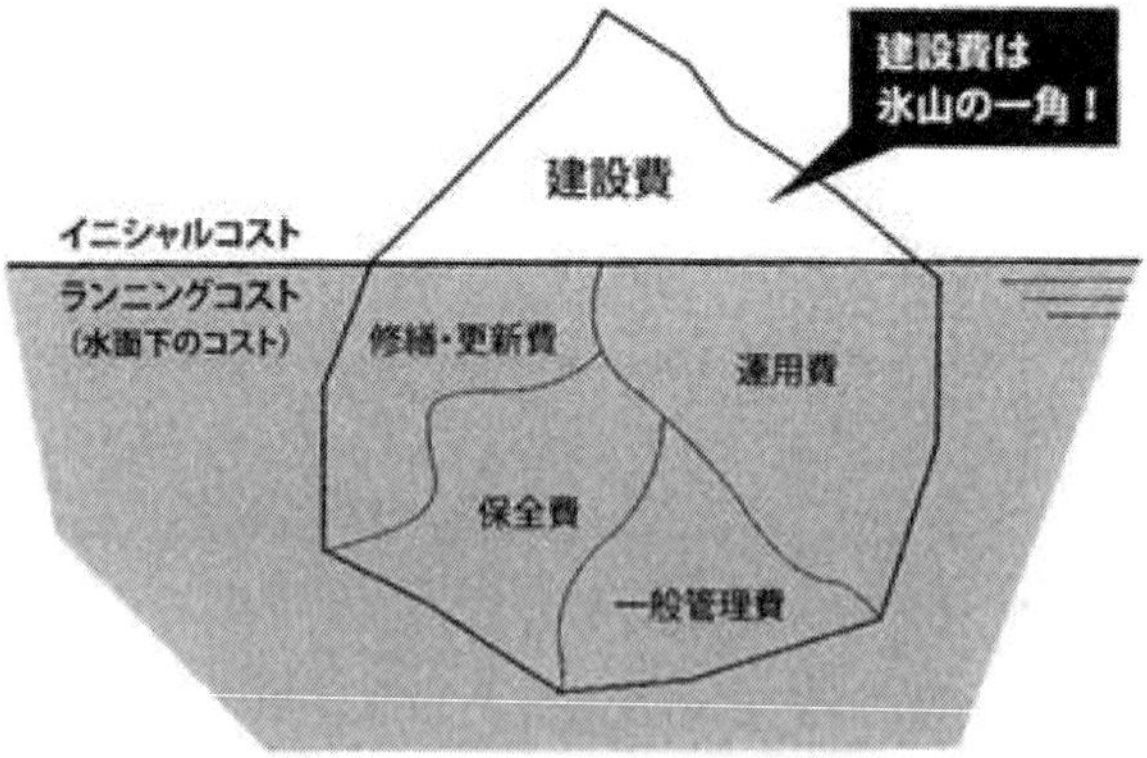

図20 建物のライフサイクルコストの構成と概念
（出典／公益社団法人　日本ファシリティマネジメント協会『第4の経営試算』）

トローラは外気と室内の変化を継続的に解析し、最上効率を達成する。この「ＣｏｎｔｒｏｌＡｉｒＳＵＭ」によって、ビル内の各部屋やゾーンまたは各階を細かく調整制御できる。

輻射空調をライフサイクルコストで検証する

この章の最後に、輻射空調のコストについて別の視点を提示しよう。

輻射空調の普及の阻害要因として、イニシャルコストが高いことが挙がっている。しかし、建物の寿命は長い。まして50年以上の長寿ビルを目指すビルオーナーならば、イニシャルコストだけでなく、ライフサイクルコスト（ＬＣＣ）も含めて判断すべきではないだろうか。

図20のように建設費は氷山の一角にすぎない。ライフサイクルコストで考えれば、建設費の３〜４倍をランニングコストが占めているのだ。そのなかでも修繕費などの建物を維持管理するコストが非常に大きい。ランニングコストの削減には省エネだけでなく、いかに維持管理コストを軽減するかがカギになる。

ライフサイクルコストで輻射空調と従来型空調を比較した試算を紹介する。これは２０１４年秋、輻射空調メーカーのトヨックスが公表したもの。東京都内の延床面積約2万坪のモデルビルを想定し、ＶＡＶ空調（ＶＡＶ：可変風量方式。以下、従来型空調と略す）と輻射空調のイニシャルコストとランニングコスト（50年間）を比較している。

なお、このシミュレーションは動的負荷計算プログラムで計算したもの。試算結果はトヨックス調べによるデータに基づいており、環境・使用・建築条件等で変動する。

〈モデルビル概要〉
立地・用途　東京都内の新築オフィスビル
構造・階数　鉄筋コンクリート造、地上32階建て
延床面積　約2万坪
輻射空調導入フロア　オフィスフロア30階分
ワンフロア面積　714坪
貸付対象面積　各階500坪
稼働率　94％
賃料単価　2万円／坪（共益費別）

■■■空調設備費は3割増、建築費総額では4％増

空調設備費（一式）を坪単価で比較すると、従来型空調よりハイブリッド輻射空調（水輻射パネルと空気輻射パネルを組み合わせたシステム）は29・9％高い。一方、建築費全体でみると、ハイブリッド輻射空調は従来型空調より1％低くなる。輻射空調の場合、天井材を空調設備費に含めているケースが多いためだ。

これらを勘案し、30階建て延床面積2万坪強のモデルビルにハイブリッド輻射空調を導入した場合のコストを試算すると、建築費単価は従来型空調より約4％高くなる（図21）。

■■■ランニングコスト（50年間）は25％減

次にランニングコストを見てみよう。

熱源機のエネルギー費については、冷水の温度差（従来型空調7℃／ハイブリッド輻射空調15℃）を電気料金に換算すると、ハイブリッド輻射空調は4・5％減となり、搬送動力の電気料金も30・6％減になる。輻射空調は駆動部が少ないため、メンテナンスコストも16・2％減となった。

機器更新サイクルはどちらも20年毎だが、ハイブリッド輻射空調は機械部分が少なく、輻射空調パネル自体は30年以上の耐久性があるため、33・1％という大幅なコスト減が見込める。

これらを換算すると、モデルビル50年間のランニングコストは輻射空調のほうが従来型空調より25％低いと試算された（図22）。

以上のように、この試算によれば、ハイブリッド輻射空調はイニシャルコストが割高だが、ランニングコストの削減効果（特に機器更新コストは3分の2）が大きく、ライフサイクルコストは従来型空調より低くなる。

注目すべき点は、従来型空調を採用したモデルビルのライフサイクルコストが18年目にハイブリッド輻射空調導入モデルビルのライフサイクルコストを上回り、40年後にはその差がさらに広がっていることだ（図23）。

また、輻射空調が顧客満足度を高め、仮に稼働率が94％から97％に3％高まった場合は、8年目でライフサイクルコストが逆転すると試算された（図23）。

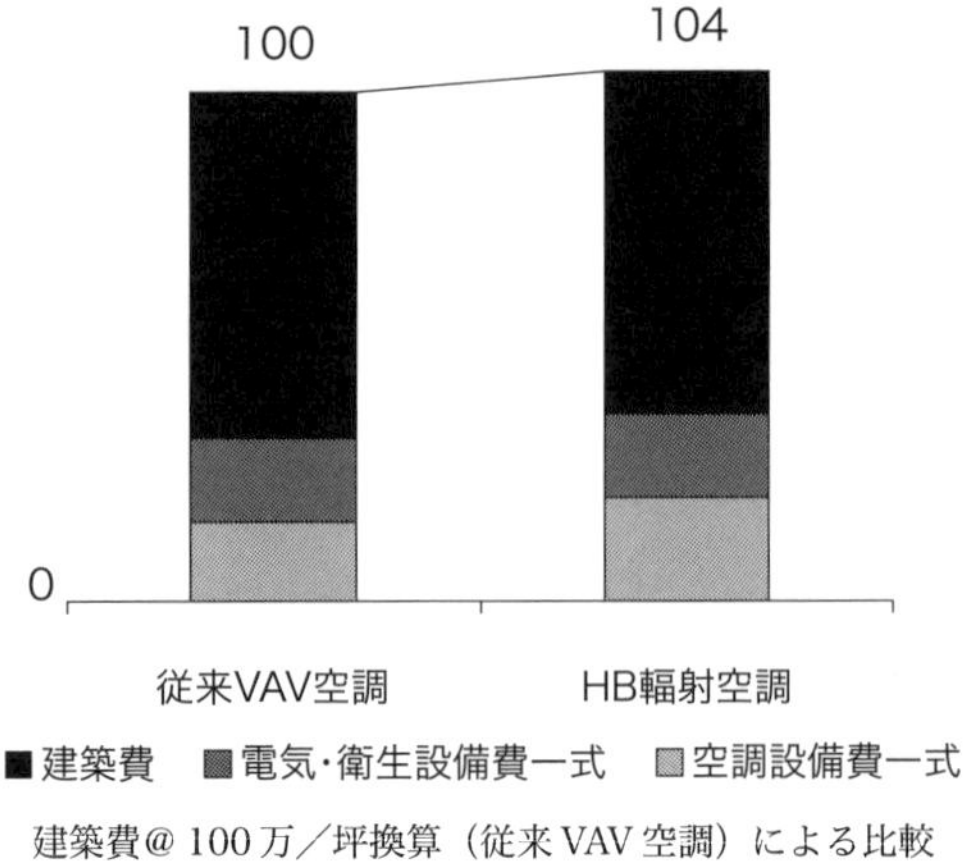

建築費@100万／坪換算（従来VAV空調）による比較

図21　従来型空調とハイブリッド輻射空調の建築費単価の比較

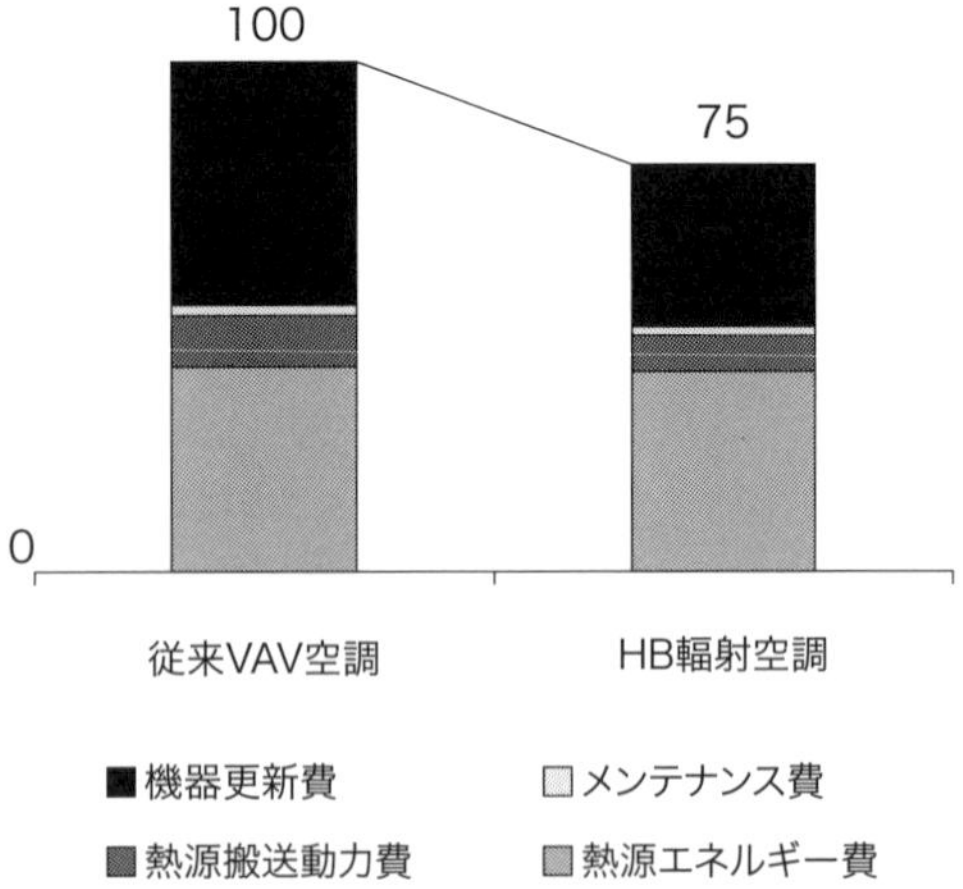

図22　モデルビル50年間のランニングコスト比較

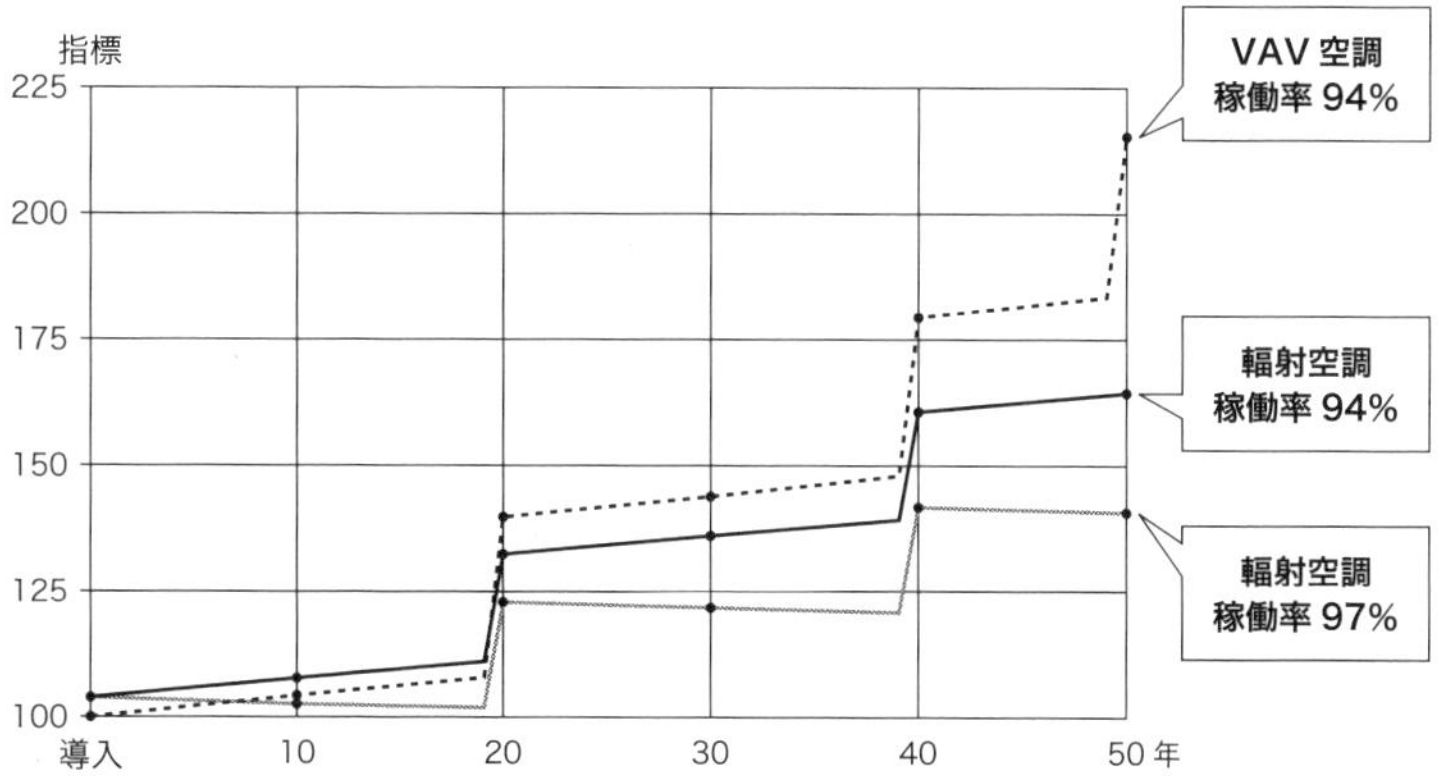

図23　イニシャルコストとランニングコストのライフサイクルコスト比較

今後、コストの壁は下がり、効果への認識は上がる

「輻射空調を採用することで稼働率が3％も高まるのか」と問われると、筆者も即答できない。なぜなら、企業やワーカーが輻射空調の価値を認めて初めて稼働率アップに結びつくわけだが、日本では輻射空調を導入したビル自体がまだ少なく、企業やワーカーが輻射空調の良さを実感できる環境にないからだ。

しかし、序章で述べたように、今後は知的生産性のアップが多くの企業にとって重要な経営課題になることや、技術的にも制度面でも輻射空調が普及する条件が整いつつあること、さらに第4章の実例取材を通じて、輻射空調を体感したワーカーが高く評価していることなどを考え合わせると、近い将来、輻射空調がオフィスビルの付加価値になるという手応えを感じている。

さらに、本章でも紹介したように輻射空調自体も年々進化を遂げている。たとえば、輻射空調パネルの性能アップによって補助空調とのダブル投資の無駄が解消されれば、イニシャルコストは下がる。自然エネルギーの活用は省エネ、省コストにつながるうえ、補助金制度の利用にも途を開くはずだ。また、輻射空調とチルドビームを組み合わせることによって、輻射空調では熱負荷処理が困難だったペリメータゾーンの問題が解決し、幅広い用途の建物や空間に使えるようになる。

したがって、今後コストの壁は徐々に低くなり、輻射空調導入による効果はますます高まっていくのではないかと思う。

第2章で紹介するドイツのフランクフルトでは、輻射空調がすでに高層・超高層ビルにおけるスタンダードになっており、輻射空調ビルはそれ以外のビルより賃料が15％ほど高いというデータもあるという。また、ドイツハンブルク州立銀行では輻射空調導入後、ワーカーの疾患率が下がったという事実も伝えられている。

日本でも輻射空調導入ビルが増えれば、賃料や稼働率、疾患率などの比較検証データが積み重なり、それが普及の追い風になるだろう。

■■■ライフサイクルコストを下げるには

輻射空調導入ビルのライフサイクルコストを下げる方法を考えてみよう。

まず、イニシャルコストを下げるにはシステムをシンプルにすることだ。具体的にいえば、室内の温度制御（内部熱負荷の処理）は輻射空調のみにして、空気は適正外気風量にする。つまり従来型空調とのダブル装備をしないこと。輻射空調パネルの性能向上とＩＴ関連機器の排熱の減少、照明のＬＥＤ化、禁煙による循環風量の低減でそれが可能になっている。

これによってランニングコストも下がる。さらにデータを取りながら、快適性を保ちつつ省エネになる制御方法を模索していくことも、ランニングコストの低減につながる。前出のように、地下水や外気、地熱といった自然エネルギーの利用も省エネ、省コストに効果的だ。

■■■新たなライフサイクルコスト試算ではさらに下がる？

この原稿を執筆中に朗報がもたらされた。

前出の輻射空調導入ビルのライフサイクルコストシミュレーションには考慮されていない要素があり、それらを加えて再計算すれば、ハイブリッド輻射空調を導入した場合のライフサイクルコストはさらに下がるという。

輻射空調の本格的な普及にはライフサイクルコストの低減が不可欠だが、ライフサイクルコストシミュレーションを行う際、新たに考慮すべき要素として次の11の項目が挙げられる。これまでに述べたことと一部重複するが、最後にまとめておこう。

第1に「空調風量の低減」。新鮮外気のみ取入れとして換気回数を「2～3回換気／時」とする（現状5～10回換気／時）。これによりダクト量、吹出し口、VAVボックスを大幅に削減できる。

第2に「空調機の台数と風量および熱源容量の低減」。空調機は全外気の除湿型外調機を採用。外調機はデシカント、ヒートポンプ、排熱利用、太陽熱利用、全熱・顕熱交換機の採用、井水、フリークーリングなどによる高効率化、およびそれらによる熱源容量の低減を図る。

第3に「熱源高効率運用」。中温冷水利用による冷凍機の高効率運転、および前述の井水利用、フリークーリングを利用する。

第４に「水による室内負荷の処理」。空調機ファン動力でなく、輻射パネルポンプ動力によりエネルギーは最大約25％まで低減できる。

第５に「電気工事の減少」。空調機器台数の減によるイニシャルコストの低減。

第６に「構造工事の低減」。ダクト量が最大４分の１ですむため、鉄骨などの梁貫通数を大幅に低減できる。

第７に「階高低減効果」。輻射空調の採用でダクト工事が大幅に減り、階高を圧縮できるため、外壁カーテンウォールや内壁高も削減できる。さらに高さ制限内があるエリアでは階数増や増床の可能性もある。この要素もライフサイクルコスト試算に考慮されるべき重要なポイントだ。

第８に「レンタル面積の増加」。これは第７で触れた階数増による増床可能性のほか、機械室やダクトシャフトの削減によるもの。

第９に「省メンテナンス性」。駆動機器数が減ること、結露のない輻射パネルやアクティブチルドビームの省メンテナンス性などによる。

第10に「長寿命化」によるライフサイクルコスト削減効果。輻射パネル、同配管（ケミカル化、ＳＵＳ化）の長寿命による更新期間の長期化もライフサイクルコスト低減に効いてくる。

第11に「ＬＥＥＤ等の取得による収益性や稼働率の向上」も今後考慮されるべき要素であろう。さらに資産価値の向上や、疾病率の低い快適環境の提供による賃料ならびに稼働率アップという効果も期待できる。

その他に「冷温水配管のレタン管の保温の不要化」や「アクティブチルドビーム併用」による省エネ化

と制御性フレキシビリティの向上も挙げられる。
以上のようなライフサイクルコスト低減項目が正しく再評価されることに期待したい。

コラム3

〈世界最古の輻射空調〉

なんと、輻射冷房は古代エジプトでも使われていた。その様子が壁画に残っている。

奴隷たちが大きな団扇のようなものを扇いで風を送っている先には、素焼きの瓶《かめ》がある。この中には水が入っている。滲み出した水が蒸発するときの気化熱で瓶の表面が冷やされ、冷たい「輻射面」と「空気」をつくり出すという仕組み。

世界最古の輻射空調はファラオのような高い位の人々しか享受できなかったが、今では誰もがファラオ気分を享受できる。

古代エジプトの蒸発冷却方

第2章

輻射空調をめぐる世界の動き

第2章では、輻射空調をめぐる世界の動きを追う。

まず、輻射先進国であるドイツのオフィスビルの動向に着目し、各種資料を交えて紹介する。併せて、今後、輻射空調普及の後押しになりそうなグリーンビル認証システムについて触れる。

スイスの項では、輻射空調の普及に大きな影響を与えた建設規定を取り上げる。

さらに、最新のビッグニュースとして、インドにおけるソフトウエア企業の挑戦を紹介する。これは左右対称の建物の半分に従来の空調システム、残りの半分に輻射冷房システムを入れて比較した衝撃的なレポートだ。

1　ドイツでは輻射空調がスタンダード

■■■高層・超高層ビルはフランクフルトに集中

ドイツでは各地に教会の尖塔があり、景観保護や政治的な理由から都市中心部に高層ビルを建てることは好まれない。しかし、さすがに20世紀半ば以降、重要な経済都市フランクフルトには高層ビルが建築されるようになった。

２０１３年12月現在、ドイツの高層ビル（高さ１００m以上）は99棟。このうち36棟がフランクフルトにあり、ベルリン13棟、ケルン11棟とつづく。また、超高層ビル（高さ１５０m以上）15棟のうち14棟がフランクフルトに集中している。

■■■高層・超高層ビルの多くが輻射空調を採用

表1はフランクフルトの主要な高層・超高層ビルだ。この多くに輻射空調が採用されている。上位20棟のうち、輻射空調が登場した１９９０年代以降に竣工したビルは13棟あり、そのうち11棟が輻射空調を採用。内訳は天井輻射空調が10棟、躯体蓄熱のみが1棟である。

なお、この表には掲載されていないが、日本のディベロッパーがフランクフルトに建設した賃貸ビル「ジャパンセンター」（地下４階地上27階建て、延べ床面積約４万３０００㎡、１９９６年竣工）のオフィスエリアにも天井輻射空調システムが導入されている。同ビルの挑戦は当時、日本のメディアでも紹介されたのでご存知の方もいらっしゃるのではないだろうか。

フランクフルトでは実物件での検証を経て輻射空調システムの良さが認められ、急速に普及した。近年ではほぼ１００％の採用率を誇っているという。ここフランクフルトでは、高層・超高層ビルの設備として輻射空調は当然の装備であり、すでにスタンダードなのだ。

■■■ドイツで輻射空調システムが普及した背景

ドイツではなぜ輻射空調システムが普及したのだろうか。

表１　フランクフルトの高層ビル　トップ20

2014年現在

高さ順位	輻射導入	名称	高さ（m）	竣工年
7	○	European Central Bank Headquarters[A] ヨーロッパ中央銀行本店	185	2014 （建設中）
8	○	Taunusturm ターヌスタワー	170	2014
4	○	Tower 185 タワー 185	200	2011
18	○	Nextower ネクストタワー	136	2009
8	○	Opernturm オペラタワー	170	2009
14	○	Skyper スカイパー	153.8	2004
18	○	Gallileo ガリレオ（躯体蓄熱）	136	2003
4	○	Main Tower マインタワー	200	1999
1	○	Commerzbank Tower コメルツバンクタワー	259	1997
20	×	Pollux ポルックス	130	1997
3	○	Westend-Tower ヴェストエンドタワー	208	1993
6	×	Trianon トリアノン	186	1993
2	○	Messeturm メッセタワー	256.5	1990
12	○	Deutsche Bank I ドイツバンク I	155	1984
12	○	Deutsche Bank II ドイツバンク II	155	1984
16	※	Frankfurter Büro Center フランクフルト ビューローセンター	142.4	1980
10	※	Silberturm シルバータワー	166.3	1978
15	※	Eurotower ユーロタワー	148	1977
11	※	Westend Gate ヴェストエンドゲート	159.3	1976
17	※	City-Haus シティ・ハウス	142.1	1974

［注記］○輻射冷暖房（躯体蓄熱含）導入済物件
　　　　※輻射冷暖房がマーケットに導入される前に竣工した物件
Liste der Hochhäuser in Frankfurt am Main – Wikipedia より抜粋、見やすくするために一部編集

ひとつには、昔からドイツ人はラジエターを使用した輻射暖房に馴染んでおり、冷房のドラフト（気流）を嫌う国民性が挙げられる。ふたつめは、ドイツの建物は断熱性が高く、窓も2重ガラスや断熱サッシとなっているために外部の影響を受けにくく、輻射空調を導入しやすい。3つめは寒冷低湿の気候、4つめは職人の高い技術力、5つめとしては、労働組合の力が強く、オフィス環境基準を満たさないと企業が訴えられるといった事情がある。

最後に、ドイツ国民の環境（エコロジー）に対する意識の高さが挙げられよう。地球環境や快適性に対して妥協しないドイツ国民の眼鏡に適った空調、それが輻射空調だったのだ。

■■■輻射空調先進国の市場性と普及状況

輻射空調の市場は国境を越えてさらに拡大している。

インターコネクション・コンサルティングの調査では、ドイツ・スイス・オーストリア3国の輻射空調市場は、2013年には数量で1・8％、金額では3・2％の成長率を示している。市場規模は金額ベースで4・03億ユーロ、敷設面積にして205万㎡である（図1）。

この市場のうちドイツ国内が2・34億ユーロと、最も多くの割合を占め、2014年にはさらに拡大すると見られる。

さらに3国の数量ベースでの試算では、2014年の輻射空調市場の成長率は6・6％と見込まれている。2016年までの予測成長率は年平均5・5％。2012年からの累計では23・6％の成長率が見込まれ、2016年には249万㎡まで拡大すると予測している。

また、金額ベースでの試算では、2014年の成長率は10%、2016年までの予測成長率は年平均7・6%。2012年からの累計では33・8%の成長率が見込まれ、5・22億ユーロまで拡大すると予測している。

この市場規模の成長を牽引している要因のひとつとして「ランニングコストの低さ」が挙がっている。輻射空調はメンテナンスの手間が少ない。そのため、これまでの冷暖房システムと比べてランニングコストが低く、ビルオーナーは利益を生み出すことができる。それが支持を集めているひとつの理由である。また、輻射空調は静寂性も高く、素材との組み合わせで室内吸音性能をさらに高めることもできる。

オフィスビルや公共建築物などの非居住系建築物の65・6%に輻射空調システムが導入されており、この建設市場が輻射空調市場の動向を左右する。近年、非居住系建築物の建設需要はドイツやスイスで堅調であり、数量ベースでドイツは2・1%、スイスは4・0%の伸びを示している。

■■■輻射システムの62%が金属天井パネル式

ドイツ、スイス、オーストリアといった輻射空調先進国での輻射空調システムのトレンドは金属天井パネル式であり、2012年には市場の61・9%を占めている。金属天井パネル式の年間平均成長率は数量ベースで8・1%であり、2016年の市場シェアは64・6%に高まると予測している（図2）。

このトレンドは、管理サービス部門（オフィスビル等）の需要の拡大によるところが大きい。金属天井パネル式の輻射システムは、視覚的、意匠的にもオフィスビルに適している。この研究報告書の責任者であるデニス・ラウエン氏は、高い冷暖房効果や建築期間の短さも金属天井パネル式のシェアが拡大してい

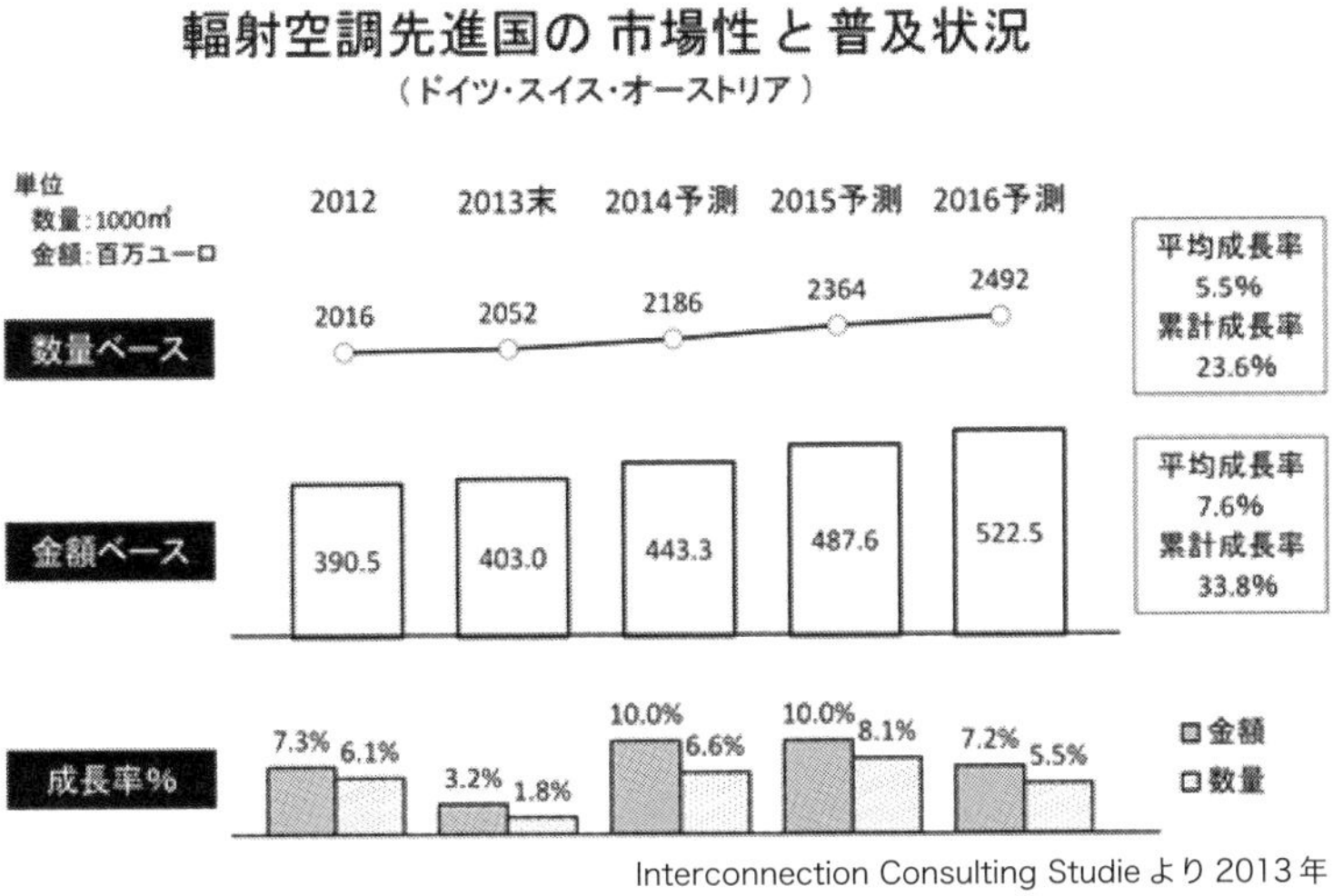

図１　輻射空調市場の推移

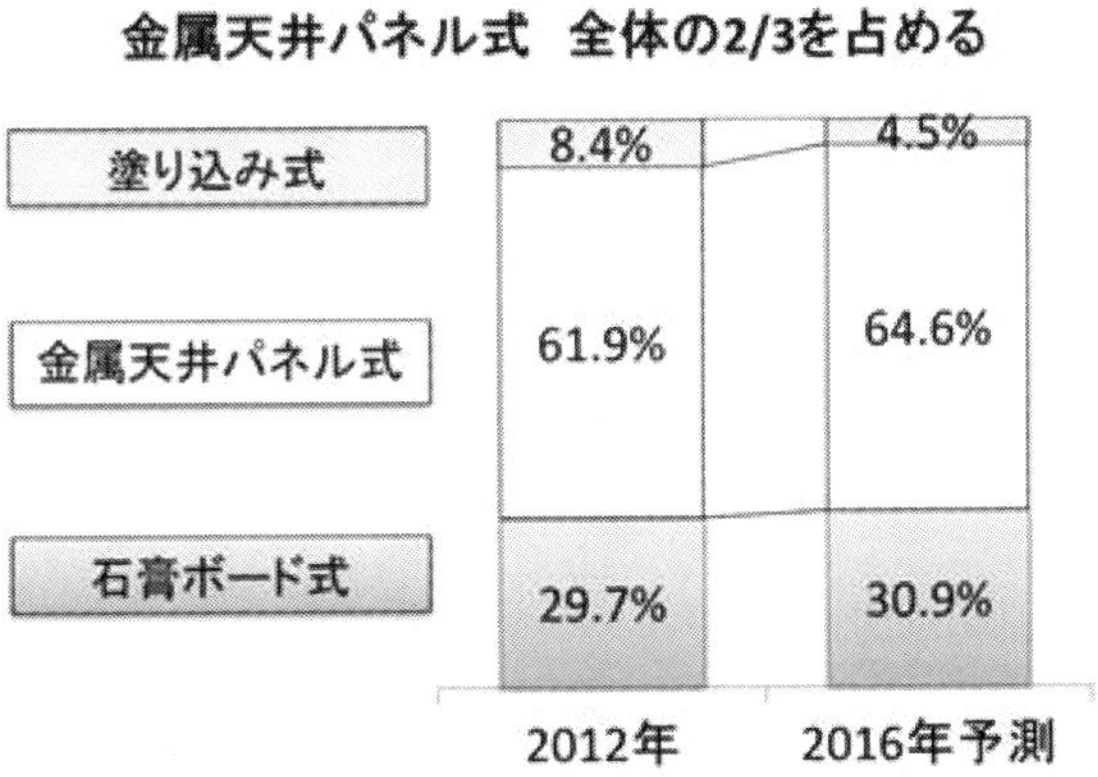

図２　輻射システムのトレンド

る理由と分析している。[*1]

■■■輻射空調がビル選択条件のひとつに

そのほかにも、輻射空調がオフィスビルのスタンダードになっていることを示す例がある。

ドイツのある不動産会社のホームページでオフィスビルの賃貸情報を検索すると、設備一覧の中に「輻射空調」が記載されている。ビルを選択する際の判断材料として輻射空調が定着していることが推察される。

さらに注目すべき点は、ドイツのオフィスでは室内の「空気の質」が重要視されていることだ。賃貸条件にも室内の換気量の項目があり、たとえば、外気の「換気回数：2回／h」といった記載がある。室内の条件にもよるが、「換気回数：2回／h」は一般的に衛生面で必要最低限な換気量だ。空気を媒体とした空調は風量で全熱負荷をまかなうため、室内の負荷が大きくなるにつれて大きな風量が必要となり、吹き出し温度を下げなくてはならない。

つまり、空気を媒体とした空調で「換気回数：2回／h」という条件を満たそうとすれば、気流を増やし、送風温度を下げる必要があるため、冷気ドラフトを生じることになり、快適な室内環境を保つことができなくなる。

輻射空調であれば、室内の負荷は天井面からの輻射で除去するので気流を必要とせず、「換気回数：2

＊1　参考資料――Interconnection Consulting Studie（2013）より

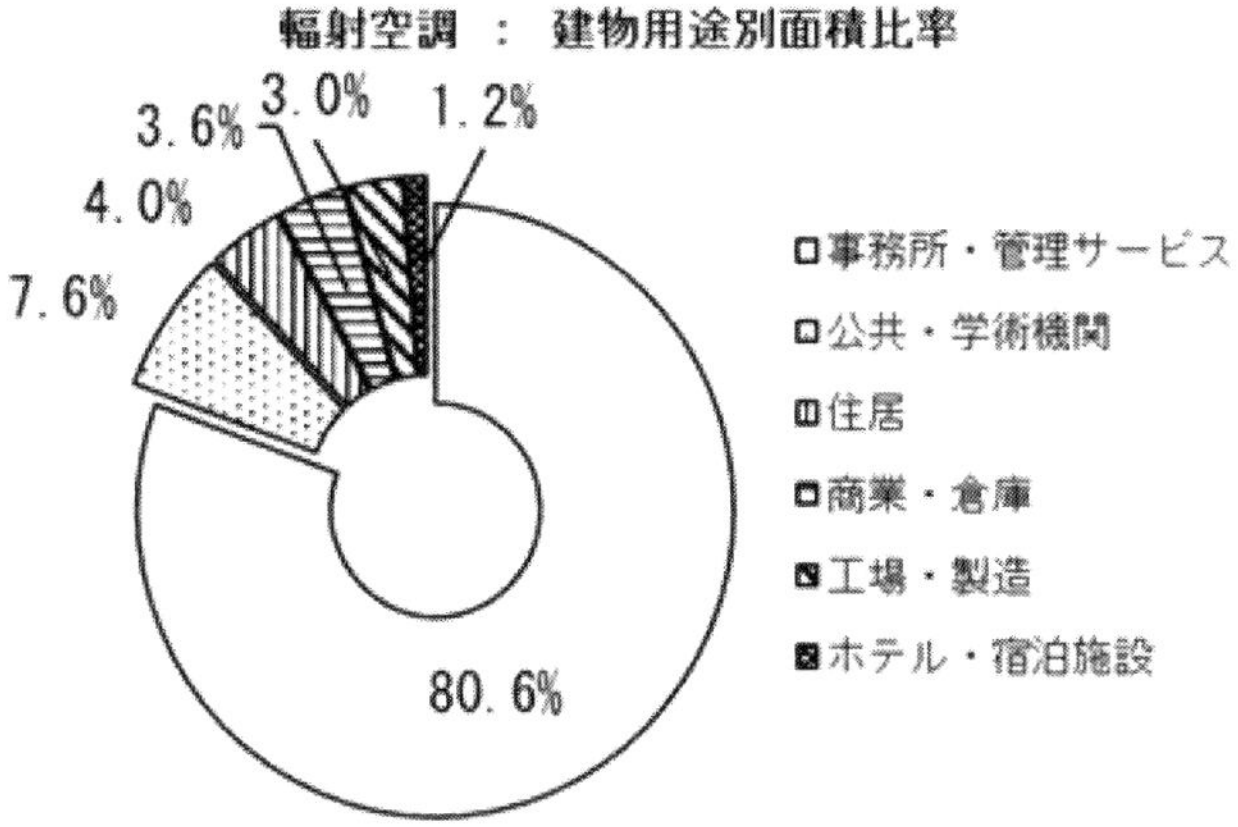

図３　輻射空調：建物用途別面積比率
参考資料 Stefan Lohmueller, Prof.Dr.Clemens Koob
Trockenbau Akustik（乾式建築・音響性能）2011 年３月号より抜粋

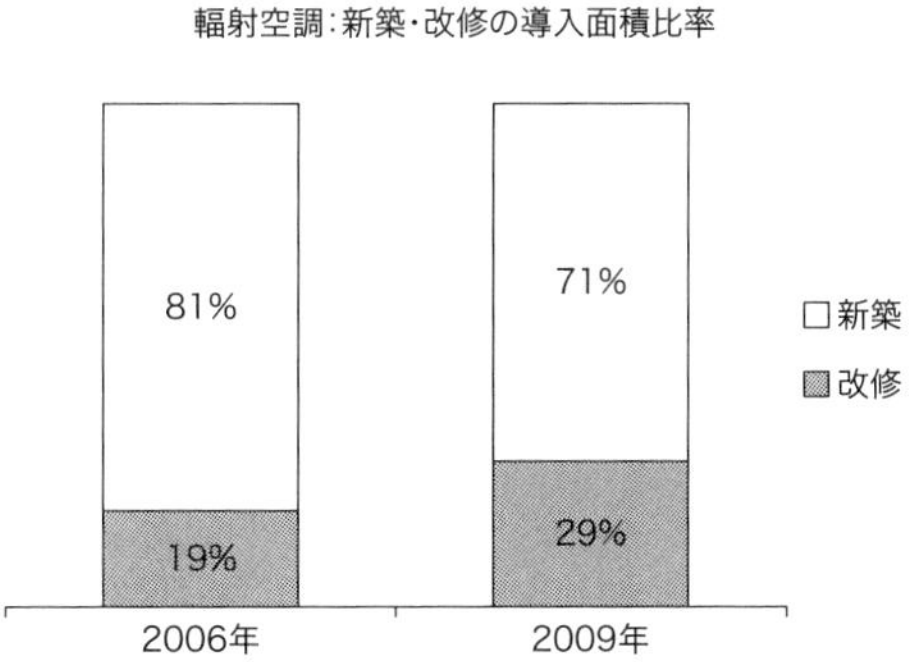

図４　輻射空調：新築・改修の導入面積比率
参考資料 Stefan Lohmueller, Prof.Dr.Clemens Koob
Trockenbau Akustik（乾式建築・音響性能）2011 年３月号より抜粋

回／h」を楽々クリアできる。これもドイツで輻射空調が採用されている理由だろう。[*2]

■■■輻射空調のマーケットチャンス

ドイツのコンサルタント企業であるKosmos&zehnvier社は「面状冷暖房」（天井輻射空調、躯体蓄熱、床暖房、壁冷房）市場について60ページに及ぶ詳細な研究報告書をまとめている。そのなかで、さまざまな用途の建物に輻射空調のマーケットチャンスがあり、とりわけ改修物件にチャンスがあると指摘している。

図3は輻射空調市場の建物用途別分類である。全体の80％以上が事務所・管理サービス部門の建物（オフィスビル等）であり、次いで公官庁・学校、住宅とつづく。ちなみに日本では天井輻射空調の主な導入先はオフィスビル、医療・福祉施設、教育施設である。

ドイツの輻射空調市場では、特に既存ビルの改修向けが新たなマーケットチャンスとして注目されている。既存建物への輻射空調の導入面積比率は、図4のように2006年には19％だったが、2009年には29％へ順調に拡大しており、その潜在需要に期待が集まっている。

■■■ドイツバンク本店ツインタワービルがLEED認証

高層ビルの改修例としては、フランクフルトにあるドイツバンク本店がもっとも有名である。1984年に完成した34階建てと36階建てのツインタワーで、天井輻射空調システムを全面的に導入した。

環境意識の高いドイツバンクは、2007～2010年に2億ユーロを投じてグリーンビル（環境不動産）への大規模な改修を実施。これはビルの改修規模としてはヨーロッパ最大である。この改修により、建物の暖房エネルギーを67％減、電気55％減、CO_2排出量89％減（一次エネルギー含む）など大幅な省エネを達成し、「世界でもっとも環境に優しい摩天楼」と称されている。

同タワーは、世界でもっとも普及しているグリーンビル認証システムであるLEED（Leadership in Energy & Environmental Design）のプラチナ認証を取得している。高層ビル改修例としては世界初のプラチナ認証だ。このプロジェクトは、既存ビルも適切な改修によって優れたグリーンビルに甦ることを示している。

また、ドイツバンク本店の改修プロジェクトはビルの環境性能を高めただけでなく、労働環境の改善によってワーカーの健康や生産性にもよい影響を与え、企業価値や経済価値も高めたといわれている。

＊2　参考資料――ドイツの不動産会社のオフィスビル・賃貸情報検索ホームページ

コラム4

〈ドイツの銀行で疾患率が半減〉

輻射空調は本当に健康にいいのだろうか。

興味深い資料がある。ドイツ・ハンブルク州立銀行の行員、約1200名の健康データだ。2003年当時、副頭取だったデリュメール氏から入手した資料によれば、輻射空調の導入前と導入後では、疾患率が9・6％から半分以下の4・0％に改善されている。

空調がすべてというわけではないだろうが、デリュメール氏は「大きな要因であったことは間違いない」としている。

改善前の空調システムは従来の空調であり、1時間当たりの室内換気回数は8回。真夏に銀行を訪れたお客さまが「ああ、涼しい」と感じる室温にするために、大量の冷風を行内に吹き込んでいた。行員は勤務時間中ずっと空調の冷風に晒されていたわけだ。冷えに弱い女性行員にとっては相当過酷な環境であったことは想像に難くない。

輻射空調を導入して室内換気回数は1・5〜2・0で済むようになり、行員は長時間、不快な気流に悩まされることはなくなった。

従業員は健康を手に入れ、経営者は労働生産性のアップという利益を手にしたわけだ。ちなみにドイツでは金融機関がこぞって輻射空調ビルに入居しているという。

2　グリーンビル認証をめぐる動きと輻射空調

■■■グリーンビル（環境不動産）の認証システム

ドイツバンク本店ツインタワービルが「ＬＥＥＤ」のプラチナ認証を取得したことを紹介したが、併せてグリーンビルの認証システムの世界的な動向に簡単に触れておく。輻射空調の利点である省エネ性や健康・快適性は、グリーンビル認証を取得するうえで、少なからず貢献できることが検証・証明されつつあるからだ。「グリーンビル認証レベルのビルならば、当然のように輻射空調が導入されている」という時代が到来しているようだ。

さて、世界にはさまざまなグリーンビルの認証システムがある。たとえば、米国で誕生し、世界に広まった「ＬＥＥＤ」のほか、英国の「ＢＲＥＥＡＭ」、ドイツの「ＤＧＮＢ」、日本の「ＣＡＳＢＥＥ」などが挙げられる。

実質的に世界標準化しているのが「ＬＥＥＤ」であり、２０１３年5月現在、認証プロジェクトは5万件を超えている。世界的に環境意識が高まっていることから、今後さらにＬＥＥＤなどのグリーンビル認証を取得する動きが活発になっていくものと思われる。

普及の背景には「高いレベルの環境認証を取得したビルは経済的価値においても有利」という実質的なメリットが認識されてきたこともある。

たとえば、運用費用の削減や生産性の向上による収益増加などの諸々の効果は、ビルの賃料や売却価格にも反映されている。カリフォルニア大学の調査によれば、グリーンビルはそれ以外のビルに比べて賃料が6％、売却価格は16％高く、空室率も低い。[*3]

また、米国不動産調査会社のＣｏＳｔａｒ社は、２００５〜２００８年のＬＥＥＤ認証物件とそれ以外のビルで賃料などを比較している。[*4]

それによると、ＬＥＥＤ物件は非ＬＥＥＤ物件より1フィート当たりの賃料が約7〜28ドル高く、賃料上昇率や販売価格も高い。空室率も総じてＬＥＥＤ物件のほうが低い。

卑近な言い方をすれば、「グリーンビルは儲かる」のである。

■■■グリーンビルは健康にもいい？

サンディエゴ大学とシービー・リチャードエリスの共同研究[*5]では、ＬＥＥＤまたはＥｎｅｒｇｙ Ｓｔａｒを取得したビルで働くワーカーは病欠率が低く、生産性が高いという結果が出ている。この研究には米国のグリーンビル１５４棟に入居する５３４社が協力している。

報告書は「グリーンビルに移転した企業のワーカーの45％の病欠日数が２・88日減り、これを生産性（金額）に換算すると一人当たり１２２８・54ドルに相当する」としている。なお、グリーンビルで病欠が減り、生産性が上がるキーファクターとしては「室内の空気環境」「自然光」「換気」が挙がっている。

以上のように、グリーンビルは地球環境に優しいだけでなく、ビルオーナーやテナント企業にとって経済的メリットがあり、ワーカーの健康にも寄与することがさまざまな調査研究で明らかになってきた。その他にも、企業としての環境ブランディングや、今後強化される環境規制に対するリスク回避という効果も期待される。

グリーンビルの認証取得は世界の潮流であり、日本でも今後本格化するものと思われる。これが輻射空調普及の追い風になることに期待したい。

3　輻射空調の普及を後押しするスイスの建設規定

さて、話を欧州に戻そう。

スイスでも輻射空調の導入例が多い。これには法的背景がある。スイスでは建物を建設する際、建設規定で建物内の冷房にかかるエネルギーを厳しく制限している。この建設規定により、必然的に輻射システムが普及したといわれている。

次に紹介するのはスイス・チューリッヒ州の建設規定である。

＊3　The University of California-Energy Institute ２００９年発表より
＊4　Ｎｏｒｍ Ｍｉｌｌｅｒ ＣｏＳｔａｒ社 Does Green Pay off?　2008より
＊5　University of San Diego / CB Richard Ellis, USD/CBRE Study Finds That Employees in Green Buildings Are More Productive　2009より

■■■チューリッヒ州の冷房についての建設規定

チューリッヒ州の建設規定をみると、室内冷房の導入についてさまざまな規定があることに驚く。主な項目を羅列すると、証明（必要性証明、電力使用証明）、システム選定・設計、冷熱製造、一般項目、冷凍機、冷熱配分、冷熱出力など。これらはスイス建築エンジニア協会（ＳＩＡ）で細かく規定されている。日本と一番違う点は、機械的冷房動力の導入はあくまでも例外であり、導入するには必要であることを証明する証明書が義務づけられていることだ。どうしても必要なことが証明でき、エネルギー面や建物性能が適合した場合にのみ、冷房導入が許可される。

また、システム選定は基本的に室内の部分的最高負荷ではなく、1日の総熱量（kWh／日）に基づいて行う。前提として建物が十分な躯体容量を持ち、室内の温度変化が3～4Ｋ（℃）にとどまるという条件も満たさなければならない。

冷熱製造のための機械導入（冷凍機など）についても、さまざまな自然エネルギーの利用可能性（冷媒体やフリークーリング）の検討が求められる。さらに冷熱製造の設備容量の選定は最高点ではなく、変化を考慮に入れて行うこと（日／年間）とされ、最高負荷の変動が少なくなるようバッファー装置の検討も求められる。その他にも冷凍機の成績係数（ＣＯＰ）および年間成績係数（ＪＡＺ）は文書化し、年間係数はシステム全体で算出すること等々、実に細かい。

■■■空気より水を使用した冷房方式を推奨

建設規定のなかでもっとも注目すべき記述は「原則として水を使用した冷房方式が空気式より優れてい

る。衛生面から必要とされる最低換気量を上回る風量を冷房目的として使用することは禁止する」と明記されていることだ。「前提条件として、暖房・冷房両用として複合使用できるシステムを導入する（例：躯体冷暖房システム／輻射空調システムなど）」とも記載されている。

つまり、原則として水を使った冷房システムの使用が義務づけられているということだ。空気より水で熱を搬送するほうが、エネルギー効率がはるかに高いためである。事業者の現実的な選択肢としては「(天井）輻射空調」「躯体蓄熱」「チルドビーム」、もしくはそれぞれの組み合わせになる。

また、「必要とされる最低換気量を超える風量を冷房として使用することはできない」と記載されており、現実的には空気による冷房は選択肢から除外されていることが読み取れる。

これらの規定が満たされなければ建築許可が下りないため、冷房が必要な建物は必然的に「水ベース」の設備システム（輻射空調など）を導入しており、これがスイスにおける輻射空調の普及を後押ししている。*6

以上のように、欧州、特にドイツやスイスでは地球環境負荷を減らし、なおかつ快適なオフィス環境を守るため、輻射空調が推奨され、普及している。すでに多くの実例があり、その検証も進んでいる。コラム4「ドイツの銀行で疾患率が半減」でも紹介したように、具体的な健康効果も実証されており、多くの企業が輻射空調のビルに高い価値を認めている。

＊6　参考資料――Stadt Zürich Amt für Hochbauten, Richtlinie Raumkühlung（チューリッヒ州建設局 建物空調規定）

4　世界を驚愕させたインドの実証実験——従来空調VS輻射冷房

ソフトウエア企業インフォシスの挑戦

インドにこれまでの空調の概念を覆すような大規模ビルが登場した。インドのソフトウエア大手のインフォシス（Infosys）が建設した挑戦的な自社ビル「ＳＤＢ－１ビル」である。

同ビルは、左右対称の建物の半分に従来型の最高レベルの空調（ＶＡＶシステム）を、残り半分に輻射冷房を入れて、同じ条件下で省エネルギー性、快適性、建築コストを比較している。この結果は驚くべきものだった。全米暖房冷凍空調学会の機関誌『ＡＳＨＲＡＥ ＪＯＵＲＮＡＬ』２０１４年5月号に詳細が報告されている。以下はその内容である。

『ＡＳＨＲＡＥ ＪＯＵＲＮＡＬ』２０１４年5月号
「ＶＡＶシステム 対 輻射システム——サイド・バイ・サイドの比較」
BY GURUPRAKASH SASTRY AND PETER RUMSEY, P.E., FELLOW ASHRAE

インドでトップ3に入るソフトウエア企業であるインフォシスは、社員のニーズにもっともよく合った省エネルギービルを実現するため、２０１１年、自社ビルの最適冷房システムを確認する計画プログラムを実施した。

ビル外観

このビルは、インドのハイデラバード（Hyderabad）に「ソフトウエア開発ブロック1（SDB－1）」として建設された。インドにおける初の輻射冷房のビルというだけではなく、結果的に「VAVシステム」と「輻射冷房」という2つの空調を、左右対称に並べて比較できる世界最大級の事例となった。（VAVシステムとは「可変風量方式の空調システム」である／編集者注）

SDB－1ビルには2種類の冷房システムが設置されている。建物の半分を最適VAVシステムとし、残り半分を専用の外気処理システム（DOAS）をもつ輻射冷房システムとした。2つのシステムの効果・影響度合いは高度計測機材で確認できる。

2年間の運転実績は、輻射冷房がVAVシステムより34％の省エネになった。

建設コストも、輻射冷房のほうがVAVシステムと比べて若干低い。

快適性の調査でも、輻射冷房のほうが温熱環境に対する満足度が高いことが確認された。

SDB－1ビルの考え方

SDB－1ビルは、外皮を熱・日射負荷が最小で、かつ最大限の昼光利用ができるように設計されている。同ビルは高度な庇（日射遮蔽）と熱を遮断する断熱壁を持つ。庇の効果は明らかであり、庇と昼光シェルフによって直射日光を95％遮りつつ、室内に昼光を取り入れることができる。自動昼光利用率は年間の値であり、執務時間中のオフィスは十分に昼光利用ができる（図5）。

各階は相対的に奥行きが浅く、昼光シェルフは二重に、庇は全体的に設備されている。巧みに設計された昼光利用装置で直射日光が遮られるため、室内にはブラインドが必要ない。窓の開口率は30％だが、ブラインドがなく、ビルの外装の質が高いため、訪問者は開口率をもっと高く感じる。

空調設備を設計する際、設計チームは専用の外気処理空調機（DOAS）をもつ輻射冷房を推薦した。一方、インフォシスチームは、今までにやったことがない方式に挑戦したいと強く要望した。彼らは、輻射冷房と最高クラスのVAVシステムの性能比較をしようと考え、2万3226㎡のビルを2分割して、一方には輻射冷房を、もう一方には最適VAVシステムを設備することを決定した（図6）。

冷房システム

ふたつの冷房システムはそれぞれ可能な限りベストな設計とし、独立して運転できるように設計されている。公平な比較ができるように、SDB－1ビルは左右対称に分割された。両サイドとも同じ方位で同じ日射負荷であり、すべてのパラメータ、照明、在室人員、建物外皮も同等になっている。

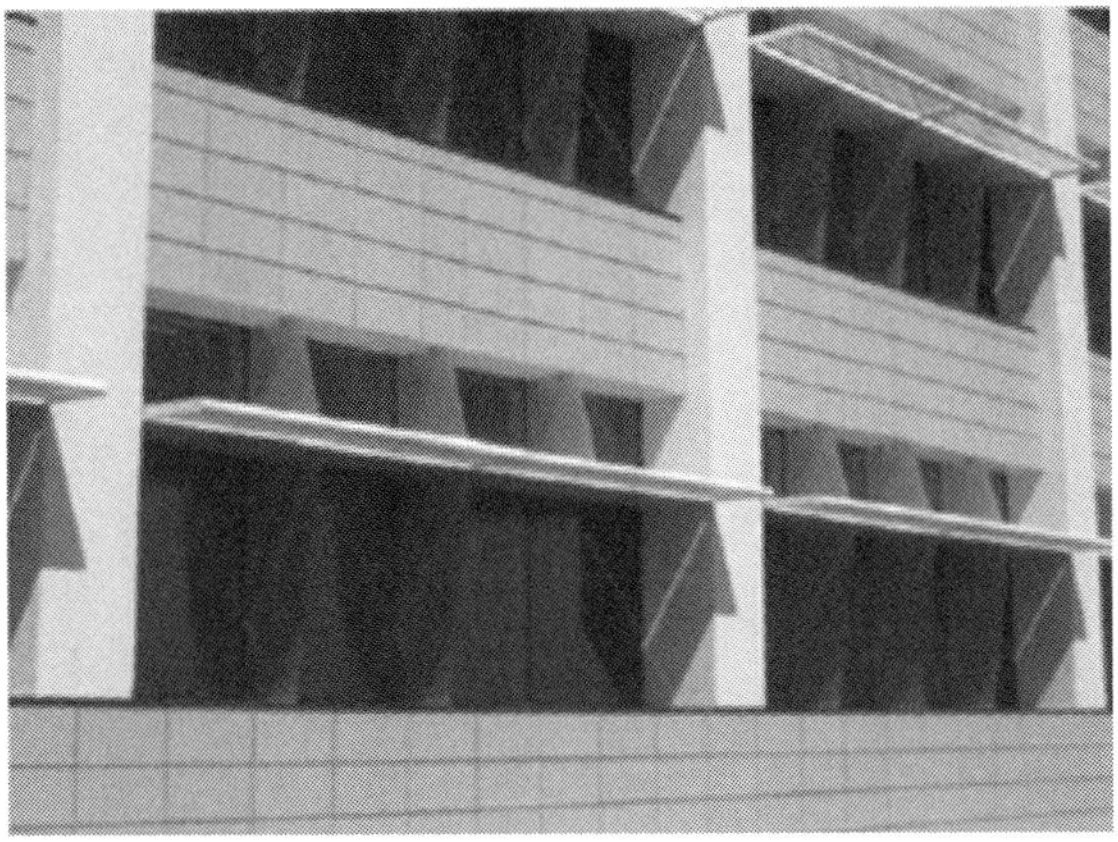

図５　南側ファサード庇とライトシェルフ詳細
全昼光利用で直達日射とグレアーはない。

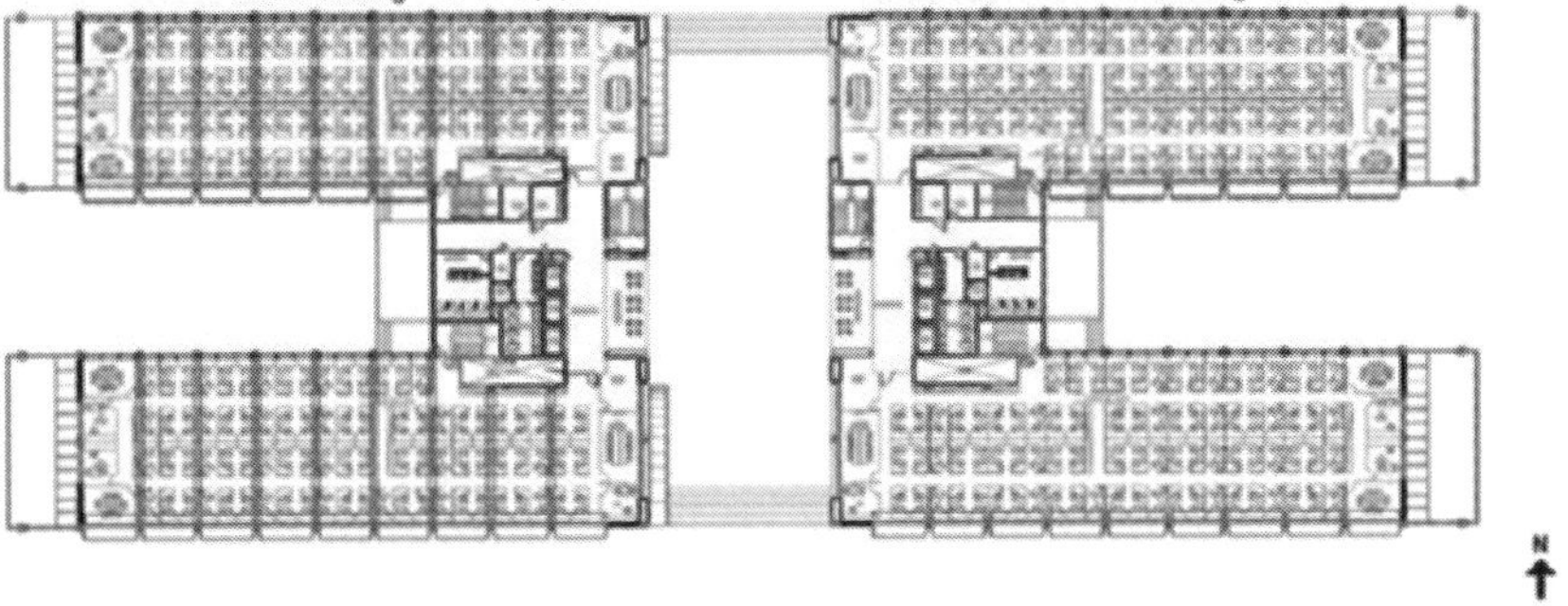

図６　基準階

ＶＡＶ空調システム

・高性能可変速チラー（２７５ＲＴ［９６７kW］）、可変速ポンプ、可変風量空調機と可変速冷却塔

・設計冷水温度：送水温度46°Ｆ（７・８℃）還り温度60°Ｆ（15・６℃）大温度差

・一次可変流量ポンプ

・冷却水温度差：４°Ｆ（２・２℃）

・空調機は異なった外気条件に対応するように、全熱交換器、気化式冷却セクションとフリークーリング（外気冷房用冷却塔冷水コイル）から構成されている。

・低圧損配管と低圧ダクト設計で、オフィスは最小風量設定制御のＶＡＶボックスなお、高温の気候と最小風量設定ＶＡＶ制御により、再熱コイルは設けていない。

輻射冷房システム（図７、図８）

・高性能可変速チラー（２７５ＲＴ［９６７kW］）、可変速ポンプ、専用外調機と可変速冷却塔

・設計冷水温度：送水温度57°Ｆ（14℃）、還り温度63°Ｆ（17℃）

・除湿のため、専用外調機（ＤＯＡＳ）には直膨コイル付と回転型デシカント付

・一次可変流量ポンプ

・冷却水温度差：４°Ｆ（２・２℃）

・低圧損配管と低圧ダクト設計

・スラブ内には内径０・５インチ（12・５㎜）の輻射冷房用チューブとクロスリンクしたＰＥＸ管をセンターで６インチ（１５０㎜）重ね合わせて埋め込んでいる。分岐管はオンオフの制御弁付。

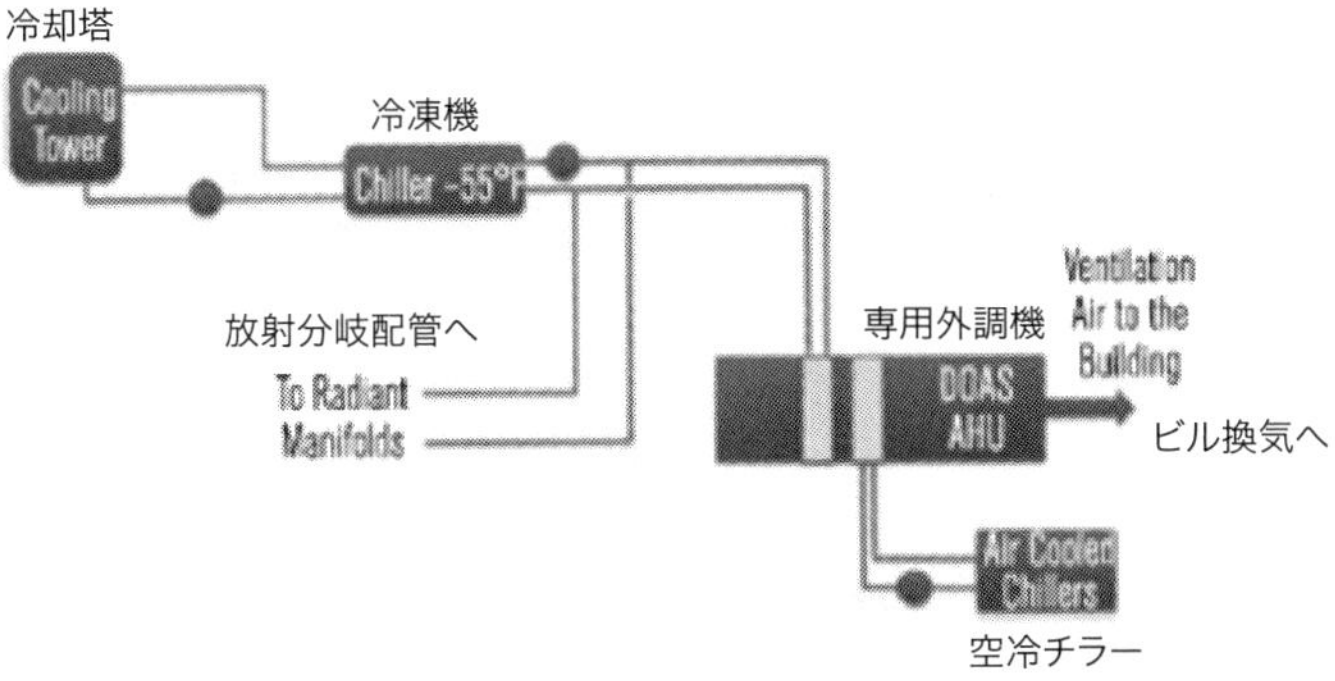

図７　放射システム系統図

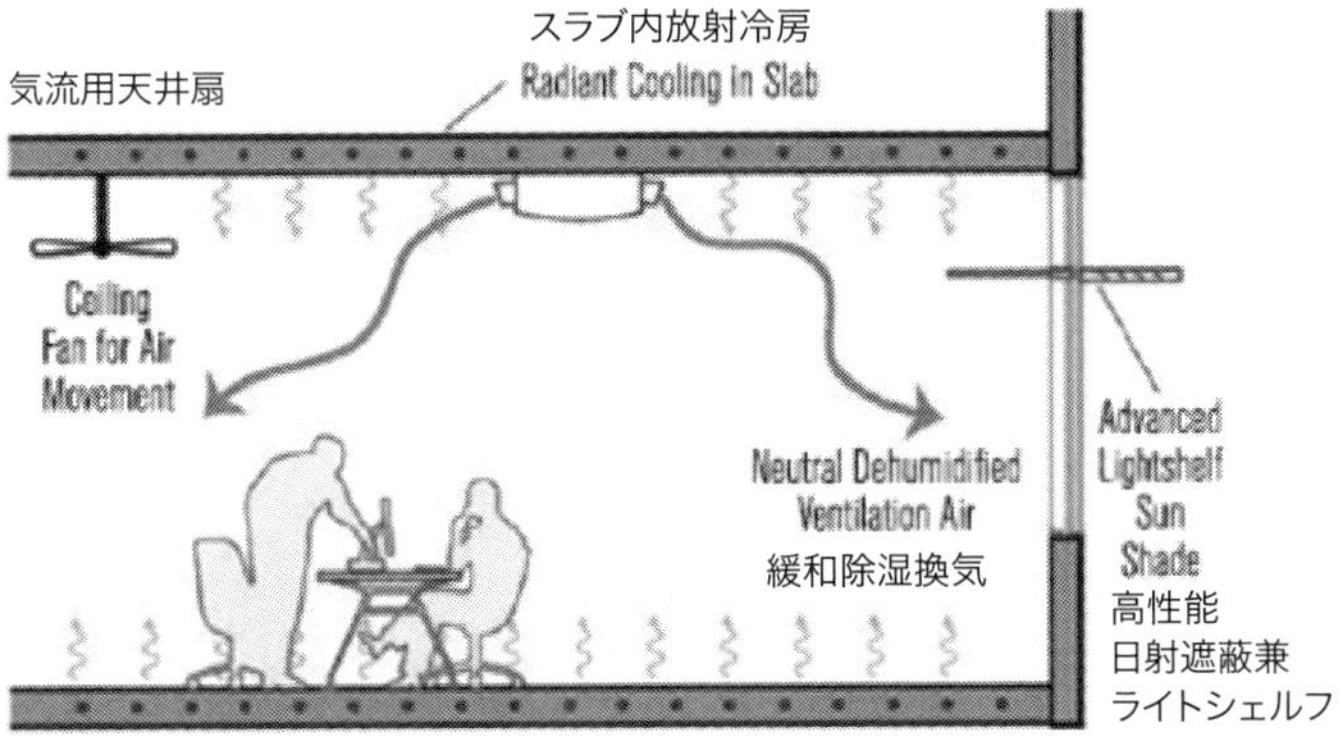

図８　放射システム概念図

・高負荷の会議室には速応答型のパッシッブチルドビーム
・空気流を確保するため、天井扇を設置

SDB－1ビルが立地するハイデラバードは高温多湿または高温低湿の気候であり、年間を通じて寒い季節はない。空調設備には厳しい気候条件であり、昨年の最高気温は115°F（46℃）、ピークの湿球温度は77°F（25℃）だった。この高温多湿の気候下で、輻射冷房と専用外調機がいかに冷却能力と湿度制御を発揮するかの重要な検証である。

■■■効果度合いの評価

ビルを設計したチームは、ふたつの制御システムを完全に独立した冷房システムとして建設し、それぞれのエネルギー消費量を計測できるようにした。それぞれに分割した冷水、空調方式を計画立案し、すべてのポンプや空調機、冷凍機、冷却塔に独立した電力計を設置している。チームは、kW／冷凍トンまたはCOPの瞬時冷水システム効率を計測するため、正確な電磁流量計と正確な温度センサーを使用している。

1年間稼働した後、ブラウンシュバイク工科大学（Technical University of Braunschweig）がエネルギーデータの正確度を確認し、室内空気質と快適性を計測した。

また、ビル環境に対する快適性効果度合いは、カリフォルニア大学バークレー校（University of California at Berkeley）が評価した。評価のため、ビルの快適性と居住者の満足度調査が実施された。この評価方法は、すでに数百棟のビルで3万5000人以上に実施した実績がある。

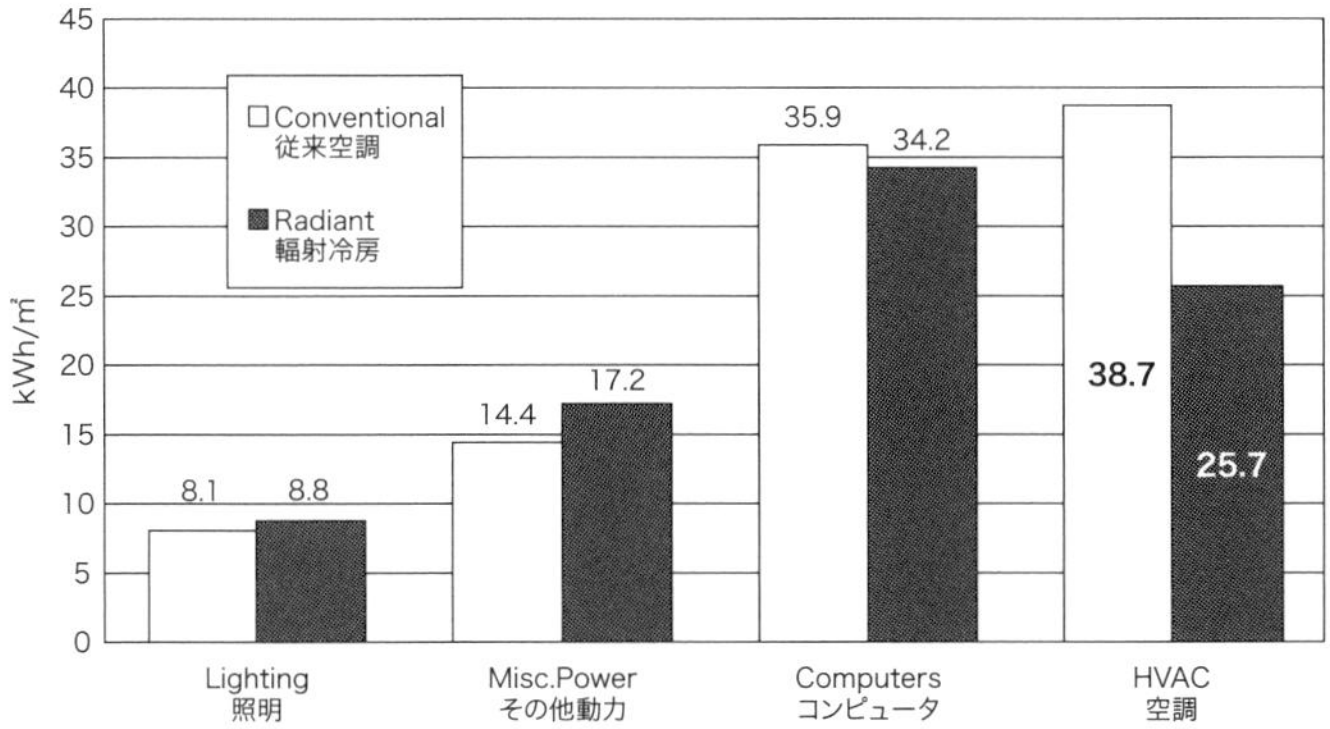

図９　2011〜2012年エネルギー計測の比較結果

■■■比較結果

エネルギー

２０１１年２月、全館にワーカーが入居した。図９は、２０１１年４月〜２０１２年３月のエネルギー消費量を計測した比較結果である。

ＶＡＶシステムは合計44万kwh、すなわち12・３ｋｂｔｕ／ft²（38・７kwh／㎡）であり、輻射冷房は26万９０００kwh、すなわち８・１ｋｂｔｕ／ft²（25・７kwh／㎡）だった。結果的に、輻射冷房はＶＡＶシステムより34％の省エネとなった。

エネルギーの内訳をみると、輻射冷房は空調機エネルギーが低く、ポンプエネルギーが高い。低温冷水方式のＶＡＶ空調システムの平均的チラープラント（チラー、ポンプ、冷却塔を含む）効率は０・６kW／トンだった。一方、輻射冷房の中温冷水チラープラント（チラー、ポンプ、冷却塔を含む）は平均０・45kW／トンだった。

快適性と空気質

ブラウンシュバイク工科大学のチームは、空気質と快適性の評価に、温度、湿度、風速、CO_2と平均輻射温度の携帯型計測器を使用した。

ヨーロッパ基準のＤＩＮ ＥＮ ７７３０を適用して評価したところ、ＶＡＶシステムを採用した部分の予測不快者率が８・７％だったのに対し、輻射冷房では７・９％だった。

また、輻射冷房の部分は、ＶＡＶ方式の側に比べてCO_2レベルが若干高かったが、専用外調機の外気量を少し増やすことで解決した。

後日、ＳＧＳ Ｉｎｄｉａ Ｐｖｔ社が室内空気質の詳細計測を実施した。そのレポートによれば、ＡＳＨＲＡＥ（米国暖房冷凍空調学会）基準55－２００４と62・１－２００７のすべての快適パラメータの範囲内であった。

もっとも重要なのはワーカー調査である。「快適または非常に快適」と評価したワーカーは、ＶＡＶシステム45％に対して輻射冷房が63％と勝っている（図10）。

コスト

どんな新技術においても、もっとも重要な要素の一つは「初期コスト」である。高価な初期コストは高いリスクとなり、採用が遅れる。ＳＤＢ－１プロジェクトの輻射冷房の初期コストはＶＡＶシステムよりやや安価である。当ビルにおける空調コストの詳細内訳を表２に示す。

初期コストが低いことは、その後、インフォシスのビルに輻射冷房の採用を促す大きな要因となっている。ＳＤＢ－１ビルの主たる目的は、省エネルギービルのコスト効果をテストすることだった。

教訓

・建設業者は延床面積12万５０００ft^2（１万１６１３㎡）のビル工事において、輻射チューブで２回の漏

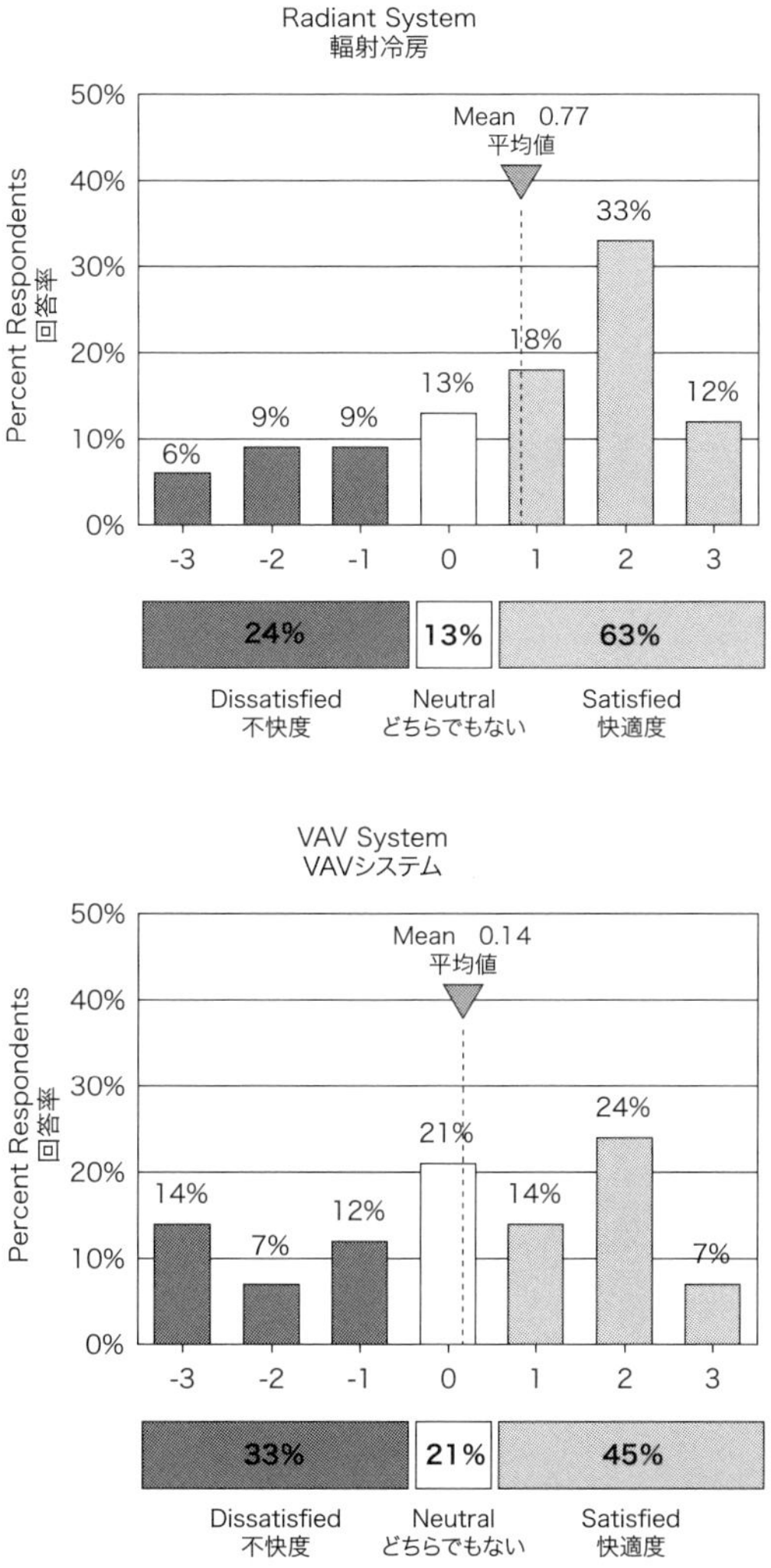

図10　センタービル在席者環境調査結集

表2　VAVシステムと輻射空調のコスト比較

	VAV	RADIANT
チラー	3,145,200	3,145,200
冷却塔	1,306,400	1,306,400
ダクト他	22,839,000	15,310,000
空調機他	5,118,200	2,878,900
放射配管他、取付共	0	9,075,800
自動制御	6,184,000	6,584,000
合計コスト（ルピー）	38,592,800	38,300,300
面積（㎡）	11,600	11,600
単価（ルピー／㎡）	3,327	3,302
単価（ドル／ ft^2）	\$5.15/ ft^2	\$5.11/ ft^2

水事故を起こした。これは電気業者が天井に照明を取り付ける際、ドリルで天井の輻射チューブに穴を開けたためである。漏水した部分は迅速かつ容易に修復されている。

・結露は、防露処理されてない分岐管を使用したところ以外は問題なかった。問題箇所が確認されれば、すぐに防露処理された。

・スラブ（の輻射冷房）は就労時間の1〜2時間前にオンにし、就労終了1〜2時間前にオフにすると一日中低負荷運転となり、省エネになる。

・会議室のような高潜熱負荷エリアは、使用時に換気を増風することで低コスト運用になる。

・ブラウンシュバイク工科大学のチームは「室内の露点温度をスラブ表面温度でなく、冷水供給温度以下に保つことがベストである」としている。彼らは残業時の湿気はスラブから冷水チューブ側に移動することを指摘した。

・インフォシスは種々の温度コントロール手法をテスト

した。その結果、設定された冷水還り温度ベースによって分岐管バルブを制御することが、もっとも簡単でもっとも確実であることを確認した。
・VAVシステムの6台の空調機に比べ、輻射冷房は1台の空調機で済む。これは相当なスペースと建設費の節約につながる。
・原設計の外気処理空調機の直膨除湿コイルは、期待したほど適確には除湿できなかった。直膨ユニットのコンプレッサーはオンとオフの運転を繰り返し、オンにするといったんは除湿結露水が生じるが、オフでの空気流で再蒸発してしまう。さらにDXユニットは空冷であり、効率が良くなかった。1年間の運転の後、インフォシスはDXコイルをVAVシステムの低温チラー側に接続された冷水コイルに取り替えた。エネルギーチームは配管にカロリーメータを取り付けて、改修によるエネルギー低減効果を確認し、これを将来のエネルギー計算に加味した。

この変更後は輻射側のビルの湿度制御は改善され、エネルギー消費はさらに縮小した。VAVシステムと比べ、輻射システムの省エネルギー運転の結果は、2年目、3年目では42%になっている。

結論

・ハイデラバードのSDB－1ビルは、適正に設計された輻射冷房がVAVシステムより高効率であることを立証した。この比較はシミュレーションによるものでなく、実測によるものであり、コンピュータソフトによるスタディより信頼性が高く、より正確である。
・同ビルはLEEDのインドプラチナ認証をとっており、インドで省エネルギーに興味ある人々が頻繁に訪れている。さらに、ローレンス・バークレー国立研究所（Lawrence Berkeley National Lab）が発刊したなかに、インドにおける高性能オフィスビルの最高実例として特集された。

・興味深いエピソードは、シリコンバレーのソフトウエア大企業が訪問したときのことである。彼らは、インドの厳しい気候下での挑戦的で大規模な輻射冷房ビルに強い興味を示した。ＳＤＢ－１ビルは、彼らが訪問したアメリカ、ヨーロッパ、アジアの数百棟のひとつに過ぎなかったが、この訪問とリサーチをきっかけに自社ビルに輻射冷房を採用することを決めた。米国企業がインドを訪問して、革新的な考え方と技術を認めたことはまさに驚くべきことだ。

・インフォシスは輻射冷房が快適性を改善し、空調のエネルギーを低下させ、建設費も低減することを見出し、実際に確認した。彼らは輻射冷房ビルに高性能な外皮と照明を合体させることによって、５年前の一般的なビルに比べ、60～70％減の省エネルギービルを実現した。

・ＳＤＢ－１ビルの結果を受けて、インフォシスはビル基準を一変させた。現在、２００万ft²（18万５８０６㎡）以上の輻射冷房のビルが完成している。その大半は床埋め込み型であるが、50万ft²（４万６４５２㎡）は輻射パネル方式である。これらは当初、中温冷水方式のみの設計だった。

・また、プネ（Pune）にある新キャンパス全体は、２種類の異なる冷水温度供給方式である。冷水プラントは2種類のチラー群からなり、その1群は一般の低温のチラー群で、もう1群は専用の中温冷水チラーで、55～60℉（12・８～15・６℃）の仕様である。すべての新築ビルはすっきりした床プレートで、昼光利用と日射遮蔽の設備がされている。

・さらにインフォシスでは「既存ビルの多くは省エネ改修が可能」と考えている。改修は大型チラープラントと照明のアップグレードから始まった。５年余りで、会社全体として40％以上エネルギーを低減した。これらの累積低減効果は約50億円（1ドル100円換算）以上になる。

記事を訳して

㈱アルモ設計　技術顧問　葛岡典雄*7

『ASHRAE JOURNAL』の記事を読み、「やっぱりそうだったか！」と興奮した。この感覚は、30数年前に研修で渡米したとき、今までの疑問が次々に解決されたときの感覚と同じだった。

記事が示唆する「空調の大きな転機」

最近、輻射空調に接する機会が増えている。

「室内環境面では他の空調方式よりかなり優れており、満足度、健康面で評価できる」「省エネ設計手法として水による輻射空調は不可欠になるだろう」ということは日本でもほぼ認識されてきたが、最大の課

*7　くずおか・のりお。1947年生まれ。早稲田大学建築学科卒。鹿島建設入社。米国の早川事務所、アメリカ鹿島を経て1987年より鹿島建設建築設計本部に復帰。2006年より㈱アルモ設計。設備一級建築士、技術士、カリフォルニア州プロフェッショナルエンジニア。「東京イースト21」「府中データセンター」「秋葉原ダイビル」「野村證券ニューヨーク本店」「デトロイト マツダ工場」「シンガポールJDDデータセンター」等、国内外で最先端の設備設計に携わる。その功績により2度にわたり空気調和・衛生学会賞を受賞。

題はイニシャルコストであろう。

この記事は、実際の建物でその問題を実証している。「左右対称な建物の左右に、独立した輻射冷房とVAVシステムを入れて比較実証する」とは、なんとチャレンジングで衝撃的な試みだろうか。今まで世界に普及してきたアメリカ的空調システムとヨーロッパ的輻射システムを比較評価した、画期的な実証プロジェクトといえるだろう。

30数年前、私はアメリカのVAVシステムがヨーロッパ、アジア、オーストラリアへ普及していく様子を目の当たりにした。だからこそ、この記事は衝撃的だったし、空調の大きな転機を感じる。世界の技術の普及速度は非常に速くなっている。省エネルギー・ZEB化、室内環境配慮、健康志向、生産性向上等々の社会的ニーズ、オーナー・テナントニーズが輻射空調への要求をますます高めるものと思う。

勇気をもってシステム簡略化、ローコスト化へ

記事の「SDB－1ビル」はパッシブ省エネルギーを図るとともに、建築との一体化やシステムの簡略化、制御の簡略化によるローコスト化も図り、さらに各種改善対策も講じている。日本でも技術者を含む関係者が、勇気をもってシステムの簡略化やローコスト化を追求することが必要ではないか。

日本には四季があり、空調の条件としても冷房、暖房、除湿、加湿が必要になる。さらに各種の省エネ手法との整合性など多くの課題がある。しかし、最近の日本の輻射導入事例にはこうした多くの課題を克服し、上手にシステムを統合しているケースもみられる。

また、記事中にデシカント空調の不具合が取り上げられていたが、日本ではメーカー各社が高効率機器

の開発を進めており、近々間違いなく高効率機器が開発されるだろう。その他、冷水の還り温度補償制御、冷水温度の用途別、低温と中温冷水の使い分けなども提案されている。

インドの実例を知ったことで、輻射空調システムが今後大きな選択肢の一つになるだろうという意を強くした。この記事が輻射空調システムに取り組む方々の参考になり、よりよい環境が実現されることを祈りたい。

コラム5

〈神聖なる場所〉

古代ローマの出城であったドイツのケルンに、サンク・ペーター・ウント・マリ大聖堂がある。完成までに632年も要し、教会建築の傑作として世界遺産にも登録されている。

真夏でも大聖堂に入るとスーッと汗がひき、波立つ心も鎮まる。これは、大聖堂の柱や壁に使われている表面温度20℃の大理石が、人体から熱を穏やかに奪うからだ。こんな昔から輻射は「神聖なる場」に使われていた。

翻って日本。

伊勢神宮の内宮の参道は真夏でもヒンヤリとして心地よい。歩いているうちに汗がひき、清らかで穏やかな気持ちになる。この原理も先の話と同じだ。

参道は両手でも抱えられない太さのご神木に包まれている。参道の心地よい涼しさは木々の枝葉が幾重にも重なり、私たちの体温を穏やかに受け止めてくれるため。これも森林による輻射の効果である。

神聖な参道に癒やされながら、神々も人々も神殿に迎えられる。

ずっと昔から輻射は神聖なる場所を創り出し、人々に癒しを与えてきた。

第3章

日本の輻射空調の歩みと推進した人々

米国で誕生したエアコン（対流式空調）が日本を席巻してきた歴史のなかで、ずっと前から輻射空調の快適さや省エネ性に着目していた人々がいた。日本の輻射の歴史は彼らによってつくられた。輻射空調の普及に孤軍奮闘した人々に焦点を当てながら、日本の輻射の歩みを追う。

■■■日本の輻射空調の先駆者、葉山成三氏

日本における輻射空調の歩みを語るとき、欠かせない人物がいる。輻射空調のパイオニアであり、その人物の信念と努力があってこそ今があるといっても過言ではない。その人物とは、テーテンス事務所・元代表の故・葉山成三氏だ。氏の著書『天井冷暖房のすすめ』（１９９０年、筑摩書房刊）は輻射空調に取り組む方々のバイブルといわれている。

テーテンス事務所は、ドイツ人のアウグスト・ペーター・テーテンス氏が１９３１年に興した、日本初の冷暖房換気設備の設計監理事務所である。葉山氏は１９４６年に入社し、テーテンス氏から冷暖房の技術を学んだ。以降、２００６年までの60年間、常に最前線に立って冷暖房技術の進化と普及に尽力した。

『ＩＮＡＸ ＲＥＰＯＲＴ №.１６２』の葉山氏の特集記事「情・熱・家」に、こんな人物描写がある。「〃熱に生きる〃という言葉がぴったりである。いつも右手に熱センサーガンを持ち、それで額に狙いをつ

けて人を驚かす。話し出すと熱くなって止まらない。ただ者ではない」。

ご健在な頃、筆者もお話をうかがったことがある。この言葉どおりの熱い方で、その信念と情熱に圧倒された。しかし、強い信念がなければ、エアコン一辺倒の日本において、当時は見向きもされなかった輻射空調の普及に孤軍奮闘できるはずがない。

■■■「エアコンは日本の気候に適していない」

氏は「エアコンは日本の気候風土には必ずしも適していない」と指摘している。一般的に空気を暖めると相対湿度が下がり、空気を冷やせば相対湿度が上がる。エアコンが生まれた米国は、冬は低温適湿、夏は高温低湿。だから、エアコンで空気を暖めたり、冷やしたりしても湿度に関しては大きな問題にはならなかった。

しかし、日本の気候は米国と違い、冬は低温低湿、夏は高温多湿だ。冬、エアコンで空気を暖めれば室内はカラカラに乾燥してしまう。また、夏に空気を冷やせば相対湿度が上がり、除湿しようとすれば冷え過ぎになる。適温にするには再加熱しなければならない。

氏は著書でこの矛盾を突き、「エクセルギー理論に基づく、低質な熱源による冷暖房システムの環境を追及しなくてはならない。室内の熱負荷である顕熱と潜熱を空気媒体により一緒に除去するのではなく、顕熱は建物の躯体である天井や床面の輻射熱で除去し、日本では夏の潜熱除去のみを除湿器で取り除くシステムこそふさわしい」と主張。いち早く輻射による冷暖房に着手した。

床暖房の快適さは今ではよく知られているが、これも輻射熱を利用した暖房方式だ。テーテンス事務所は、40℃程度の温水を使ったコンクリート埋設温水床暖房を実現した。葉山氏のいう「低質な熱源」で暖房ができることを実証したわけだ。これを冷房にも応用できないだろうか。……これが天井輻射空調を考えるきっかけだったようだ。

しかし、高温多湿の日本では夏の冷房時にパネルが結露してしまう。除湿の問題がネックになって実用化できなかった。だが、葉山氏は諦めなかった。この問題を解決するアフタークーラー付除湿器を独自に開発し、これを併用して実際の建物に導入した。

第1号は、1979年に竣工した葉山氏の自宅「サーマルハウス」である。これを皮切りにテーテンス事務所ビル、上智大学中央図書館、熊谷守一美術館などに次々と導入。導入事例は学校・教育、医療施設、住宅など多岐にわたる。

初期の輻射空調は熱媒体となる銅管を天井や壁に塗り込む方式だった。導入コストは割高だったが、右肩上がりの経済成長を背景に採用事例を伸ばし、1998年までに50物件以上の実績を積み上げた。

■■■1996年、輻射空調パネルが日本初上陸

実績は伸びたものの、躯体蓄熱式の応答性の遅さや施工性に課題が残されていた。しかし、1996年、それらの悩みを解決する金属パネル式の輻射コンポーネントのサンプルがドイツから持ち込まれた。金属パネルと細管チューブを一体化し、モジュール化したもので、輻射能力と軽量さ、施工性を兼ね備えていた。

このサンプルを持ち込んだのは、富山県黒部市の樹脂ホースメーカー、トヨックスの宮村正司専務

（現・会長）だった。葉山氏はサンプルを凝視したまま、しばし無言だった。そして、唸るように「俺をすぐにドイツへ連れてってくれ」と言ったそうだ。

これが日本に初上陸した輻射空調のコンポーネントパネルと、輻射空調の日本の「教祖」が出会った瞬間だ。

なぜ、樹脂ホースメーカーが輻射空調に？

輻射空調とトヨックスの関わりについて触れておこう。

当時、トヨックスは国内の樹脂ホース市場で65％以上の市場占有率をもつ企業であり、順調に業績を伸ばしていた。しかし、宮村氏は将来に不安を抱いていた。主力商品である耐圧ホースは石油を原料とした塩化ビニール製。2回のオイルショックを経験した宮村氏は「石化原料の枯渇や高騰で、事業存続の危機に追い込まれるリスクが頭から離れなかった」と振り返る。

新たな不安材料も出てきた。ドイツではすでにダイオキシンの問題が浮上しつつあり、環境汚染や環境ホルモンによる人体への影響が懸念された。

新事業の立ち上げを決意した宮村氏は、当時、日本有数の市場調査会社、日本マーケティングセンターのこもだたかこ氏の門を叩いた。「新事業の基軸をどこに置くべきか」という問いに、こもだ氏は開口一番、「環境、エコロジーです」と答えたという。

今から四半世紀前のこと、産業界では「環境」や「エコロジー」という言葉さえ、口にする人は皆無だった。それから間もなく、日本でも塩化ビニールのダイオキシンの問題が大きく報道され、当時の松下電工とリコーの大手2社が塩化ビニール不採用を宣言。その後、深刻化する地球温暖化の問題も浮上するのだが、宮村氏がこもだ氏の門を叩いたときは、そんな展開はまだ誰も予想していなかった。

■■■環境先進国ドイツで出会った異形のチューブ

こもだ氏の言葉に21世紀の予兆を察知した宮村氏は、環境先進国のドイツに飛んだ。さらにオランダ、スウェーデン、フランス、イタリアへ、新事業のヒントを求め、各国で春秋に開かれる環境関連の見本市を見て回ったという。調査を開始して7年目、ドイツ・デュッセルドルフで開かれた国際プラスチック見本市で不思議な形状のチューブに目をとめる。それはヨーロッパでナンバーワンの原料メーカーのブースの片隅に展示されていた。

「まるで日本の簾《すだれ》のようでしたが、日本では見たことがないものでした」と宮村氏。これが輻射空調の心臓部だった。

見本市の後、宮村氏は再びドイツに飛び、この異形のチューブを生産しているメーカーを訪ねた。そこで初めて、このチューブが輻射空調に欠かせない熱交換エレメントであることを知る。日本からやってきた訪問者に対して、彼らは大変親切だった。これまでオープンしていなかった開発現場まで見学を許し、技術契約の打診に対しても前向きな検討を約束してくれた。

宮村氏は帰国したその足で八重洲ブックセンターに飛び込み、葉山成三氏の『天井冷暖房のすすめ』と出会う。そして早速、テーテンス事務所にドイツから持ち帰った輻射パネルのサンプルを持ち込んだ。それが前出のシーンである。偶然の出会いによって、日本の輻射空調事業の新たな扉が開かれたのだ。

1996年、テーテンス事務所とトヨックスは業務提携し、天井パネル式の輻射空調普及に向けて行動を開始した。テーテンス事務所は新物件のすべてのコンペで輻射空調を提案。トヨックスも市場開拓を開始し、前述のドイツメーカーと技術提携の交渉に入った。

1998年、SANKYOビルに日本初の本格採用

2年後、両社の挑戦が結実する。

㈱SANKYOが、渋谷のパサージュガーデンに建設を予定していた自社ビルに輻射空調の採用を決定。1998年、日本初の天井輻射パネルを装備したビルが誕生した。設備業界は驚いた。漏水に対する不安から、天井に冷温水配管をすることなど実現するはずがないとされていたからだ。

SANKYOビルの輻射設備の設計はテーテンス事務所が担当し、トヨックスが輻射パネルや熱交換器、樹脂配管材などのコンポーネントをドイツから輸入・納品した。設備の施工は、テーテンス事務所の関連会社の日本サーマルが担当。施工に当たっては、ドイツから経験豊富な施工マイスターが何度も来日して指導し、設備と施工の安全性に万全を期した。

1998年9月に竣工してから今日までの17年間、設備のトラブルは一度もないと聞く。天井内配管からの漏水はもちろん、天井面の結露、地震による天井輻射パネルの落下もなく、設備の信頼性が裏付けられた。

視察に訪れたビルオーナーや設計者に対し、当時、SANKYOの総務部長だった大谷純一氏は「メンテナンスの手間がかからず、静かで快適で、集中力の高まるオフィス空間です」と語った。

テーテンス事務所とトヨックスはＳＡＮＫＹＯビルの成功に力を得て、順調に輻射空調の実績を積み上げていった。

その裏には設備に対する信頼があった。パネル1枚1枚には冷温水の配管があり、パネル1枚につき4個の継手がある。ＳＡＮＫＹＯビルで使われた輻射天井パネルは約２０００枚、接続継手は約８０００個に及ぶ。接続継手は一次側の冷温水配管にも使用されている。この膨大な数の接続継手のすべてを漏水などの問題もなく、完璧に施工できることが証明されたのだから。

万が一にも漏水を起こさない接続継手の技術と配管施工技術もまた、輻射パネルと共に重要な輻射空調の心臓部だ。こうした技術が確立され、実際の建物において「漏水事故や結露が一切ない」という事実が積み重なり、日本での輻射空調導入例は徐々に増えていった。

■■■医療の現場で採用が増える

テーテンス事務所との取り組みから、トヨックスは２０１４年までに71件の実績を重ねた。もっとも採用が多かったのは医療福祉施設だ。次に教育研究施設、そして、この十数年はオフィスビルへの採用が増えている。

医療施設で最初に輻射空調を採用したのは、１９９９年1月に竣工した千葉県松戸市の東葛クリニックである。「長時間におよぶ治療の苦痛を少しでも和らげたい」という院長の想いから特別室に採用された。

その後、２００２年3月竣工の彦根市立病院、富山県の南砺中央病院、長野県の伊那中央病院、東京都福生市の公立福生病院と導入が続く。２００８年11月竣工の東京都板橋区の帝京大学医学部附属病院では個室26部屋に採用された。設計は石本建築事務所・山下設計JVである。

特に、治療が長時間にわたる透析施設では「気流がほとんどない、快適な空調」と患者から大変喜ばれた。

２００６年9月に竣工した大阪堺市の梶本クリニックは、堺市中百舌鳥に新たに設けた分院に採用。開院1年後にはほぼ満床になり、フル稼働がつづいている。

理事長の梶本好輝氏によれば、輻射空調のおかげで患者の苦情が激減し、スタッフもクレーム対応に追われることなく、気持ちよく働けるとのこと。ちなみに、本院でもっとも多い苦情はエアコンの直撃風だそうだ。従来空調の本院では、ひとりひとりの体調や要望に合わせるため、スタッフはエアコンの温度調節や風向きへの対応に追われていた。輻射空調の効果を実感した梶本理事長は同業者にも輻射空調を薦め、採用する施設も増えた。患者数も口コミで増え、分院には新たに１６０人が通院していると聞く。

横浜市西区みなとみらい地区のかもめクリニックも輻射空調を導入。同クリニックは6時間以上の長時間透析治療を行っており、患者のストレスを少なくするため、輻射空調の採用に踏み切った。詳しくは本書第４章でレポートしているのでご参照願いたい。

医療現場、特に透析治療施設では、気流や運転音がほとんどない輻射空調の特長が活きる。心地よさを実感した患者の口コミで輻射空調の良さが広がり、今も採用施設は増えつづけている。

コラム6

〈患者を痛みから救った古新聞〉

輻射空調の効果がもっとも顕著に現れるのが医療施設である。

輻射空調パネルを手掛けるトヨックスの宮村会長は、病院である夫婦の会話を耳にして自分の使命を痛感したという。

厳しい残暑がつづく9月の病室。ガンで闘病中の女性が「明日、古新聞を持ってきて」と小声で夫に頼んでいる。冷房の風が当たって手術したところが刺すように痛むのだという。「毛布と掛け布団の間に古新聞をはさんで風を防ぐといい」と入院患者から聞いたらしい。

2日後、「新聞のおかげで痛みが和らいでよく眠れたわ」とうれしそうに夫に話していた。10枚の新聞紙が身体の冷えを防ぎ、血の巡りを高めて痛みから救われたのである。

広い窓から直射日光が差し込む病室はぐんぐん温度があがる。室温を下げるため、エアコンは「強」に設定され、14度前後の冷風が患者の身体に吹き付けられていた。健康でも辛いのに、寝たきりで動けない患者にとってそれがどんなに辛いことか……。

エアコンの冷風がいかに病気の回復を遅らせているか、患者を苦しませているかを知った宮村会長は、輻射空調の普及を心に誓ったという。

■■■1999年の玉川大学を皮切りに、教育研究施設にも

大学や公立施設にも輻射空調が導入された。テーテンス事務所とトヨックスが導入した施設だけでも10件以上ある。

1999年1月、玉川大学は町田市の本校会議室に輻射空調を導入。学園長の「環境に配慮すべき時代だ」という考えから採用になったと聞く。静かで穏やかな環境になり、省エネ効果もあったことから、2004年3月には執務室にも導入。さらに2014年12月に竣工したMMRC（マルチメディアリソースセンター）棟の図書館にも輻射空調を導入した。

図書館には稀少な蔵書が並ぶ。その天井へ冷温水を巡らすのだから、配管などの設備への絶対的な信頼がなければできないことだ。

玉川大学の図書館以前にも、2004年3月に東京都品川区に竣工した立正大学総合学術情報センター、同年9月に東京都千代田区に竣工した日本大学法学部図書館（第4章参照）に輻射空調が採用された。この2つの図書館の設計は石本建築事務所である。当時、同事務所の設計部長だった山尾秀美氏が輻射空調を採用するきっかけとなった出来事がある。

■■■ドイツのジャパンセンターへの輻射導入秘話

山尾氏の心が輻射空調に動いたのは、日本企業がドイツ・フランクフルトで開発したジャパンセンターの誕生秘話だった。トヨックスが都内で開いたセミナーには、オーナーのインハウス・コンサルタントと

してこの開発に参画した日本設計の齋藤豊氏が登壇。輻射空調採用までの苦労や紆余曲折を率直に語った。

ジャパンセンターは地下4階地上27階建てのテナントビルである。その天井に冷温水の配管をして空調すると聞き、日本側からは猛烈な反対意見が挙がったという。日本のこれまでの常識ではありえないことだった。しかし、ドイツの設備技術者は「快適性、省エネ性でこれに代わるシステムはほかにない。ドイツで賃貸ビル業を営むには、輻射空調でなければグレードの高いテナントの誘致は難しい」と一歩も引かない。さらに「この近くで建設中のコメルツバンクのテナントビルも、全面的に輻射空調を採用している」とも……。

板挟みになった日本設計のメンバーは輻射空調を採用した高層ビルを見て回り、配管設備の漏水に対する安全性を徹底的に調査した。当時、コンサルタントとしてドイツに着任していた大隅清道氏も初めは反対だったが、調査すればするほど配管システムの信頼性を確信し、輻射空調を採用すべきという意見に傾いていったという。日本国内ではないが、これが日本企業と日本の設計事務所がテナントビルに輻射空調を採用した初めてのケースだった。

齋藤氏の講演を聞いた石本建築事務所の山尾氏は、2つの図書館に輻射空調を提案することを決めた。大学側もこの提案を受け入れた。施工は輻射設備の配管技術を持つドイツの設備マイスターの指導のもとで進められ、輻射空調を採用した図書館が無事完成した。

穏やかで静寂な環境が高く評価され、その後も図書館への導入がつづく。直近では2013年11月に竣工した東京農業大学の図書館がある。設備設計は久米設計で、地下2階地上9階建ての3、4、5、7階の閲覧室1650㎡に天井輻射空調を導入している。

■■■高層ビルに実績をもつバコール・エア社の技術を日本に

第2章で紹介したように、ドイツでは輻射空調が高層・超高層ビルのスタンダードな設備になっている。そのなかでも1997年に竣工した超高層ビル、コメルツバンクはヨーロッパ・ナンバーワンのテナントビルとして評価が高い。設計は世界的な建築家ノーマン・フォスターで、ビルのほぼ全面に天井輻射空調が採用されている。

同ビルを視察して感銘を受けたトヨックスの宮村氏は、コメルツバンクの設備設計と施工を担当したバコール・エア社から高層ビルの輻射空調のノウハウを学ぼうと決意し、技術提携を結んだ。

バコール・エア社はスイス・チューリッヒに本拠を置く輻射空調のトップメーカー。当時、すでに約200万㎡の輻射空調の受注実績があった。なかでも超高層ビルの受注では他を圧倒していた。同社のデータラボには世界のあらゆる気象条件を再現できるデータ機能があり、訪れたクライアントに採用空間を再現して見せた。このデモンストレーションと提案力が受注に結びついていた。

輻射空調を理解してもらうには、輻射の空間を体験できる施設が有効だと気づいた宮村氏は、早速、黒部本社にアジア初の輻射空調のテクニカルラボを建設。もちろん、バコール・エア社から、高層ビルに輻射空調を導入する際の知識や高度な施工技術などを学んだことは言うまでもない。

■■■2000年以降、オフィスビルへの採用事例が増える

2000年に入ると、日本でもオフィスビルに輻射空調を採用する事例が徐々に増えていった。最初は

自社ビルの一部に試験的に採用するケースが多く、採用面積も小さかったが、２０１３年には日本初の輻射空調を備えたテナントビルが誕生。輻射空調の普及にとって大きな一歩をしるした。

代表的な導入例をいくつか挙げたのち、ビル事業最大手の三菱地所の取り組みを紹介する。

◆ソニー本社ビル

ソニーは、東京港区のソニーシティ（２００６年竣工）の会議室に輻射空調を採用した。従来空調で行っていた設計を変更してまで輻射空調を入れたのは、竣工のお祝いに来日するビル・ゲイツ氏に、日本の最先端のエコロジー設備を見せたいという意図もあったと関係者から聞いた。

エアコンを生んだ米国で、日頃は強烈な冷房風に晒されているビル・ゲイツ氏が輻射空調の穏やかさをどう感じたのだろうか。現在では、米国でも官公庁や大学に輻射空調が採用されはじめていると聞く。

◆日産自動車テクニカルセンター

日産自動車は、神奈川県厚木市に建設していた日産自動車テクニカルセンター（２００７年竣工）のＣＥＯ執務室と会議室に輻射空調を採用した。カルロス・ゴーン氏はすでにヨーロッパの輻射空調の良さを知っており、それが執務室への導入につながったようである。

こうした日本を代表する企業が、一部とはいえ自社に輻射空調を採用した影響は少なくない。次の事例はさらに高度な導入事例だ。

◆電算新本社ビル

２０１３年、長野市に完成した電算新本社ビルは、輻射空調をはじめ、さまざまな最先端の環境技術が盛り込まれた日本トップクラスの環境配慮型ビルである。輻射空調の熱源に豊富な井水を利用したり、長野の清涼な気候を活かして外気も入れながら省エネ運転を実現するなど、自然エネルギーと最先端技術を見事に合体させている。詳しくは第4章のレポートをご覧になっていただきたい。

三菱地所、輻射空調と出会う

ここまでは自社ビルへの導入だったが、テナントビルに輻射空調を導入する取り組みが始まっている。賃貸ビル事業の最大手、三菱地所が輻射空調導入に動いた。きっかけをつくったのが、オフィスビル総合研究所代表取締役の本田広昭氏（現・オフィスビルディング研究所代表取締役）だ。

本田氏は「人が主役のオフィス」を目指し、いくつもの研究会を主宰している。不動産・オフィス業界に広いネットワークを持ち、さまざまな分野で高い志をもつ専門家のまとめ役、仲介役としても知られている。

氏の主宰する研究会を母体にして誕生した『次世代ビルの条件』（2000年、鹿島出版会刊）がきっかけとなり、トヨックスの宮村氏と本田氏の縁がつながった。その後の『新・次世代ビルの条件』（2006年、鹿島出版会刊）、『オフィスビル2030』（2014年、白揚社刊）でも、次世代のオフィスビルに装備すべき設備のひとつとして輻射空調を取り上げている。

本田氏は、輻射空調の普及に心血を注いできた宮村氏を研究会に誘い、その席で隣同士になったのが、当時、三菱地所の都市計画開発部部長だった谷澤淳一氏だった。本田氏、谷澤氏らと研究会のメンバーは富山県黒部市のトヨックスを訪ね、テクニカルラボで輻射空調を体感する。

これが三菱地所と輻射空調の最初の出会いだった。

２００９年には、三菱地所のビルアセット開発部長の合場直人氏、リーシング営業部長の岩田研一氏、都市計画事業室室長の谷澤淳一氏（役職はいずれも当時）をはじめ、経営幹部7名がドイツ・フランクフルトのコメルツバンクやオペラタワーなど、ドイツとスイスの輻射空調導入ビルを視察。追って設備設計の責任者5名が再視察にドイツに飛んだ。三菱地所の本気度がわかる話だ。

視察後の２００９年、三菱地所は千代田区の新丸ビルにあるエコッツェリアに輻射空調を導入、２０１０年には千代田区にある大手町ビルの本社内を改修して輻射空調を導入し、実験を進めた。

それらの結果を受けて、２０１３年に中央区に竣工した茅場町グリーンビルディングの執務空間のすべてに輻射空調を導入した。自社内での実験を経て、いよいよ日本初のテナントビルでの実証実験に歩を進めたのである。

このストーリーには次の展開があると聞いている。三菱地所の取り組みについては、本章に収録した合場直人氏のインタビューと第4章のレポートを参照されたい。

■■■輻射空調進化への道筋

輻射空調自体も年々進化している。輻射空調メーカーとして業界をリードするトヨックスの取り組みを例にとり、進化の流れの最先端を見てみよう。

◆パネルの能力アップと軽量化

同社では輻射空調の進化形として、現在、輻射パネルの能力アップに取り組んでいる。２０１５年1月現在の情報によれば、パネル能力は８０Ｗ／㎡まで向上すると見込まれている。この能力ならば、補助空調なし、輻射パネルのみでオフィスビルの熱負荷にも対応できる。

パネルを冷却・加熱するスピードもアップした。たとえば、この進化形輻射パネルに34℃の温水を流すと、数秒で輻射パネルの表面温度が上昇する。輻射空調は穏やかな反面、従来のエアコンと比べて応答性に欠けるといわれてきたが、これまでの常識をくつがえす進化を遂げている。

パネルの軽量化も進んでいる。６００㎜×１２００㎜の進化形パネルの重量は３・５キロ。同社従来品の約半分の重さだ。軽量化により施工性は向上し、地震のときの安全性も高まる。落下を防ぐワイヤーや吊りフレームへの負担も半減するからだ。

◆個人技術に頼らない配管キット

建設現場は深刻な人材不足に陥っている。団塊の世代が大量に定年退職したうえ、震災復興や東京オリンピックでどの現場も熟練工不足だ。また、これまでの建設不況で、建設業界から多くの人材が他の業界へ流出したことも大きい。

こうした状況下でも１２０％安全な天井内配管を実現するため、トヨックスは熟練工でなくても容易に施工できる配管キットを開発した。長い歴史をもつ樹脂ホースのトップメーカーとして培ったコア技術と経験が輻射空調の天井配管にも活かされている。

◆大地震への安全対策

地震対策としては前述のパネルの軽量化のほか、天井パネルをセーフティーワイヤーで吊り、落下による怪我を防ぐ仕組みも施されている。さらに天井内配管はすべて樹脂製なので振動に合わせてしなやかにたわみ、振動を吸収する。これらの地震対策の有効性・安全性は、複数の大手建設会社の地震発生装置を使ったテストでも検証された。

これまでに天井落下事故や漏水事故はまったくないと聞いているが、トヨックスではこの無事故記録を今後も更新しつづけるべく、安全システムの強化に取り組んでいる。

◆50年の耐久性

一般的には輻射パネルの寿命は30年といわれているが、トヨックスでは輻射設備に使われるすべてのコンポーネントに、実質上50年の耐久性をもつ素材を使用。また、輻射空調先進国のドイツやスイスで30年以上の実績があるものを選ぶという方針を頑なに守り続けている。

設備の耐久性はライフサイクルコストを左右する。50年以上の耐久性が実証されれば、従来の空調設備の法定償却より2倍以上長い運用が可能になり、ライフサイクルコストも低減できる。

◆再生利用を目指して

トヨックスでは環境先進国ドイツに倣い、輻射空調に関わるコンポーネントすべてを分別し、リサイクルできる設計にしている。宮村氏が新規事業として輻射空調に着目したきっかけは「環境、エコロジー」だったが、その思想を廃棄に至るまで徹底している点は特筆すべきだろう。

宮村氏は「輻射空調の進化は皆さまのおかげ」と語る。ビルオーナーや設計者、ファシリティマネジャーなどから寄せられた数々の不安や要望が輻射空調をよりよいものに改良する原動力になったのだ、と。その言葉には調査に7年、取り組みに19年という歳月をかけて輻射空調の進化と普及に取り組んできたメーカーの重みがある。

そして、未来へ

テーテンス事務所の葉山氏が起点をつくった輻射空調の流れは、トヨックスの宮村氏との出会いで勢いを増し、三菱地所の合場氏、岩田氏、谷澤氏らの尽力でさらに川幅が広がろうとしている。

当初は一部の設計事務所や設備設計者しか輻射空調に挑戦しなかったが、近年では多くの設計事務所や設備設計者が関心を持つようになった。導入物件が増えることで検証も進む。情報や実証データが集まり、それが輻射空調の進化や建物との連携、施工技術や運用方法の向上などに結びつき、さらに照明や情報機器の省エネ化でオフィスの熱負荷が低下するなど、輻射空調にとってさまざまな好循環が始まった。それが「今」ではないだろうか。

志と情熱をもった人々が逆風のなかで輻射の歴史を刻み、流れをつくってきた。世の中にはこの他にも輻射空調をめぐる無数の流れがあると思う。それらが結びついたり離れたりしながら、いずれひとつの潮流になっていくような予感がする。

それは時代の要請でもある。

２０１４年12月13日付けの日経経済新聞1面に、国土交通省が２０１７年から省エネ建築を義務化するという記事が出た。対象は商業ビルやホテル、さらに病院や福祉の施設にも及ぶ。同日付けの5面にはペルーのリマで開かれた、気候変動枠組条約を討議する国際会議ＣＯＰ20の記事が出ていた。

省エネなどによるCO_2削減は人類全体のテーマであり、そのためにありとあらゆる環境技術が総動員されるだろう。輻射空調もこうした世界の潮流に添うものであり、グローバル化のなかで日本もその例外ではない。

参考資料
『テーテンス事務所の歩み』（テーテンス事務所50周年記念誌）
『天井冷暖房のすすめ』（筑摩書房）
『ＩＮＡＸ ＲＥＰＯＲＴ』№１６２（ＩＮＡＸ）

コラム7

〈政治生命と輻射空調〉

1996年、ロシア共和国のボリス・エリツィン大統領が心臓発作で倒れ、大統領の政治生命に世界中が注目した。

大統領の側近は急遽ドイツの優秀な医師団を招聘。治療に当たった医師団は、大統領の自宅と執務室を調査した上で改造を進言したそうだ。

改造のポイントは輻射空調の採用だった。暑がり屋の大統領はそれまでキンキンに冷房を効かせていたが、輻射空調に切り替えた結果、健康を回復し、その後8年間も政治生命を保った。

このエピソードは、自宅と執務室の改造に携わったドイツの空調設備会社の責任者が来日した際に明かしたもの。同氏はエリツィン大統領から大変に感謝されたという。

この話には後日談がある。

当時、西ドイツでは旧帝国国会議事堂の改修計画を進めていたが、このエピソードを知った政治家たちは、輻射空調を国会議事堂に採用することを与野党一致で決定。国会議事堂の天井と壁、合計7000㎡を輻射空調にし、健康的な環境を満喫している。

古今東西、政治家は自らの政治生命の延命にはすこぶる敏感である。

「輻射空調には、日本のオフィス環境を根本的に変える可能性がある」

三菱地所 代表取締役専務執行役員 合場直人氏に聞く

オフィスビル事業のパイオニア、三菱地所は他社に先駆けて輻射空調導入に踏み切った。自社内の実験を経て、茅場町の新築テナントビルに輻射空調を採用。これまで本社ビルなどへの導入事例はあったが、テナントビルへの導入は日本初。この取り組みが広がれば、より多くの企業やワーカーが輻射空調の良さを体感できる。輻射空調の普及にとって非常に大きな意義を持つ取り組みだ。この取り組みを推進してきた合場直人専務に、導入の理由やきっかけ、オフィスの未来像についてうかがった。

――御社はディベロッパーとして、日本で初めてテナントビルに輻射空調を導入されました。その理由は？

合場　輻射空調は、日本のオフィス環境を根本的に変える可能性をもった技術だからです。

東日本大震災後の電力危機で、多くの企業が冷房を28℃設定にしました。従来の空調では不満が続出します。集中力が下がって知的生産性も低下する。「知的生産性」と「省エネルギー」をトレードオフしていいのでしょうか。私は違うと思う。特に都心のオフィスビルは、イノベーティブな人々が最大の能力を発揮できるような環境を提供する役割があります。

「快適性を追求した結果、省エネルギーも達成できた」というストーリーを描かなければなりません。輻射空調はそうしたストーリーが描ける技術のひとつです。

三菱地所はオフィスビル事業のパイオニアとして、新しいことに挑戦していく責務もある。そうした想いもあって輻射空調の導入に踏み切ったのです。


――導入までのプロセスは？


合場　実際にテナントビルに導入するまではかなり長い時間がかかっています。

輻射空調との出会いは10年以上前。トヨックスさんのテクニカルラボで輻射空調を初体感しました。早速トライしたかったのですが、社内に水漏れを心配する声が強く、すぐには実現しませんでした。数年後にビル管理部長になり、部の方針として「挑戦」を決定しました。導入に当たっては、同じ志をもつメンバー7名と輻射空調先進国のドイツなどのオフィスビル市場や輻射空調の導入状況をつぶさに視察し、当時、欧州の輻射空調をリードしていたバコール・エア社も訪ねて納得するまで議論を重ねました。

この欧州視察で水漏れに対する不安や疑問が氷解し、輻射空調がビルの価値を高めることも確認できたので、同行したトヨックスの宮村正司さん（現・会長）に「これは日本のオフィスを変える革新的なもの。やり遂げましょう。オフィスビルの歴史を変えるツアーにしましょう」と申し上げたのです。

帰国して、新丸ビルのエコッツェリアや大手町ビルの自社スペースに導入し、実験を開始。結果がよかったので、第３段階としていよいよテナントビルに導入することにしました。


――社内での試験的導入と違い、テナントビルへの導入はかなり高いハードルではなかったかと思います。日本では初の挑戦ですし……。

合場　ええ、段階的にハードルを高めて検証していきました。最終目標は都心の大規模オフィスビルへの導入です。しかし、その前に中規模ビルで実証実験をし、お客さまの率直なご意見をうかがいながら、実測データでも検証していくことにしました。新しい試みですから、一歩ずつ着実に歩を進めなければなりません。

初の輻射空調導入ビルとなった茅場町グリーンビルディングに入居される岩井コスモ証券の沖津嘉昭社長にお会いし、輻射空調や知的照明などの新技術が日本ではまだ普及・確立した技術ではないことも正直にお話しして、実証実験へのご協力をお願いしました。そして、「少しでも不満や不具合があれば、どんなことも我慢せずにおっしゃってください」と申し上げ、定期的なワーカーアンケートもお願いしました。

沖津社長は、我々の取り組みに深い理解を示してくださり、「こうした先端的なオフィスビルに入居することと自体が企業価値を高めることになる」と全面協力を約束してくださいました。ご入居以来1年以上経ちますが、一度も大きな問題は起こっていません。データやアンケート調査からも、我々の仮説が実証されました。

——次の展開は？

合場　次は、いよいよ都心に建設中の大規模ビルのワンフロアにさらに進化した輻射空調を導入します。

——ビルオーナーとして輻射空調を導入する際の課題はなんでしょう。

合場　技術的な問題はほぼ解決し、快適性や省エネ性も想定どおりかそれ以上の結果が出ていますが、事業採算上の問題が残っています。実際に茅場町グリーンビルディングの建設費は、一般のビルに比べてかなり割高なものになりました。これは未来への投資だといって押し切りましたが、やはり現状ではイニシャルコストが最大の課題ですね。

しかし、ＬＥＤと同様、普及すればコストは下がります。問題は始動期なのです。先ほど「快適性を追求した結果、省エネルギーも達成できた」というストーリーが描ける技術だといいましたが、こうした有益な技術に対しては公的補助などの政策的後押しが必要ではないかと思います。それによって導入時のハードルが下がれば普及が早まり、自然にコストが下がっていきます。

大きくみれば、輻射空調の普及は日本にとって大きなプラスをもたらすはずです。最善のオフィス環境を提供して企業の知的生産性を高めることは、日本の競争力を高めることにつながる。さらに省エネルギーにも寄与する。これは我々のデータからも実証されています。日本の都市やオフィスビルが環境面で抜群に優れたものになれば、世界から企業や人が集まってくる。その利益はすべからく日本全体に及びます。初動期のコストの壁さえクリアできれば、「快適性を追求した結果、省エネも達成できた」というストーリーが見事に回りだす。これはワーカーやテナント企業、ビルオーナーにもメリットがあるストーリーです。

これまでも日本のオフィスはさまざまな技術を取り入れて進化してきました。こうした進化や変化は、ある時点を越えると一気に進みます。私はその転換点を早めたい。なぜなら多くの企業やワーカーにとって良いことだからです。

――もっと多くのビルオーナーや設計事務所、ゼネコンなどが輻射空調に興味をもって取り組めば、その転換点は早まりますね。

合場　そのとおりです。我々が輻射空調を導入したビルに関するすべての情報を公開しているのも、仲間を増やして転換点を早めるため。そのほうが皆が得をするし、我々も得をする。

特に環境技術はオープンにすべきです。東京は今、世界の都市とグローバルな競争をしています。技術や情報を公開し、皆で共有して都市やオフィスビルの環境性能を高めるべき。繰り返しになりますが、その恩恵は社会全体に還元されるのですから。

志のあるディベロッパーは皆、「東京を強くしなければ、日本の未来はない」と思っています。東京を強くする要素のひとつが快適で知的生産性を高めるオフィス環境であり、省エネなどの環境技術です。輻射空調はそれらを実現できる技術だと思います。

――オフィスにもイノベーションが求められています。

合場　イノベーションは、これまで当たり前と思っていたことを疑ってみることから起こります。たとえば、東日本大震災以前から、我々はオフィスビルの省エネ化を積極的に進めていましたが、限界が見えつつありました。しかし、大震災で電力危機が起こり、さらに2割くらいの省エネを強制的に実行せざるを得なくなった。照明の間引きとか、空調の28℃設定とか、多くの企業が経験されたと思います。

それによって不都合なことも起こりましたが、一方でさまざまな発見もありました。たとえば、部屋の隅々まで７００ルクスで煌煌《こうこう》と照らし出す必要があるのかとか、空気より水のほうが搬送動力は少なくてすむのに、日本ではなぜ対流式空調だけなのかとか……。電力危機がこれまでのオフィスの「常識」を見直すチャンスになったのです。

オフィスビルのイノベーションはこの他にもまだまだあると思います。新しいことにチャレンジする仲間を増やし、いろいろな提案ができるような仕組みをつくっていくことが重要だと思います。

――今後、オフィスの役割はどのように変わると思われますか。

合場　ＩＴの進化で、いつでもどこでも仕事ができる時代になりつつあります。そのとき、「はたしてオフィスは必要なのだろうか、我々が提供している都心のオフィスの役割は何か」ということを真剣に考えざるを得ません。

たぶん、都心のオフィスはルーティンワークの場ではなくなるでしょう。人が集まり、交流し、協働して新しい価値やビジネスを生み出す場になるはずです。

アイディアはオフィス以外で生まれるかもしれません。しかし、アイディアを持ち寄って高める、あるいはぶつけ合うことによって全く別次元のものを生み出す「場」が必要になる。こうした作業はＩＴのなかだけではできません。やはりリアルな場が必要なのです。また、アイディアや知恵を具体化し、実用化していくプロセスでもたくさんの人がかかわります。都心のオフィスは、こうしたクリエイティブな人々のコミュニケーションやコラボレーションの場になっていくのではないでしょうか。

私はこの変化を大きなチャンスだと捉えています。

テナント企業の知的生産性が高まれば、賃料負担力も高まります。これまでの「坪単価」という概念を吹っ飛ばすような、高い価値を生み出せるオフィス環境を提供したいですね。そのためにはもっともっと快適性を追求すると共に、知を生み出すための仕掛けも提供しなければなりません。輻射空調の導入もその流れのなかにあります。

もちろん、すべてのビルがそうなるわけではないでしょう。しかし、企業や人々が集まりやすい都心のオフィスビルはそうした役割を担うべきだと思います。

――合場さんの発想の原点は何ですか。

合場　私の発想の原点は「オフィスは何をするところか」です。

多様な考えやアイディアを持った人が集まり、会話したり協働したりするなかで新しい発見があり、イノベーションが起こる。

これまでのオフィスワークでは、ルーティンワークとクリエイティブワークの比率は3対1だったかもしれませんが、これからは逆転するでしょう。この変化はかなり速いスピードで進む。都心のオフィスは知的生産性で勝負する時代になります。「そのとき、我々はどんな都市環境やオフィス環境を提供すべきか」を常に考えています。

オフィスビルの空調イノベーション

オフィスビルディング研究所　代表取締役　本田広昭*1

■■■21世紀の技術はすべからく「人」に向かう

技術立国のニッポンでは「究極のパーソナル空調」へのチャレンジも数多くなされてきた。しかし、成功したとは言い難い。オフィス家具メーカーは各デスクの使用者の意思で冷温風をコントロールする技術を競ったが、その後どうなったか聞こえてこない。モバイルワーク化で執務室の概念や使い方が様変わりし、お蔵入りした可能性が高い。

その間にもオフィス内では電子機器が増え続け、空調の冷水コイルを通過する冷気の温度は下がるばかり。空気を媒体とする空調の限界であり、過酷なドラフトの犠牲者は一向に減りそうにない。

しかし、21世紀は「人間の知恵」が企業利益の源泉。オフィス環境の改善はワーカーへの投資であり、未来への投資でもある。

著名な経済学者がこんな言葉を残している。

「20世紀の技術は生産性向上への効率やコストダウンのために向けられ、人間はそれに従う時代だったが、

*1　ほんだひろあき：1949年北海道生まれ。三幸エステート常務取締役、オフィスビル総合研究所代表取締役を経て、2013年オフィスビルディング研究所設立。「日本のオフィスを豊かな空間に！」をライフワークに活動。共著に『次世代ビルの条件』『都市の記憶シリーズ』『オフィスビル2030』など。

21世紀の技術はすべからく『人』に向かう」。

■■■外界との接点を取り戻し、自然エネルギーを活用する

「熱」だけではなく「灯り」の分野でも、建築技術との連携を忘れてエネルギーの過食症技術に邁進してきた。エネルギーが希少な時代こそ、建物と設備が連携して自然の通風や採光を活用する技術が求められるのではないか。昼光利用も建築との連携なしには成り立たない。

かつては自然の通風や採光を活かすため、建物空間の奥行に自ずと限界が設けられていたし、大規模なビルでは中庭をとるなどの工夫があった。しかし、建物が高層、超高層になるにつれて奥行は深くなり、外界との接点も閉ざされ、すべてをエネルギーで賄う巨大な宇宙船のようになっていった。

我々は設備を過信し、デザインを優先するあまり、たくさんの知恵や工夫を置き去りにしてきたのではないだろうか。

たとえば、夏の強い日差しを遮る「庇」は窓拭きや修繕のためのメンテナンス通路でもあり、空調エネルギーを削減する有効な手段だった。しかし、カーテンウォールやガラス張りのすっきりした外観には似合わないと排除された。

オフィスビルの寿命は長い。存続している間に使われるエネルギーは膨大である。外界との接点を取り戻し、自然エネルギーを活用して最良の環境をつくり出すには、今一度、建築と設備が一体となった省エネ技術に取り組むべきではないだろうか。

▩▩▩空間のフルタイム活用を省エネ&ローコストで

世界の先端企業はオフィスの多様な使い方にチャレンジしている。多彩な分野の人々の知恵を集めて新たな価値を生み出す活動も広がっている。その舞台がオフィスである。業務終了後、オープンスペースや会議室を社会活動に無償で貸し出す取り組みやアフターファイブのパーティー、あるいは地域貢献も視野に入れた趣味の展示会会場として……。

こうしたチャレンジの障害となるのが、過剰とも思えるセキュリティコントロールだが、これも近い将来、ＩＴ技術の進化で乗り越えられるはずだ。

残るは、建築空間のフルタイム活用を実現するうえで、いかにローコスト&省エネルギーで快適な空間を提供できるかという空調技術がポイントになる。

そのとき、輻射空調や躯体蓄熱といった建物と設備が一体となった技術が浮上するのではないだろうか。

▩▩▩今、必要なのは、次の一歩を踏み出す勇気

イノベーションとは「物事の新結合、新機軸、新しい切り口、新しい捉え方、新しい活用法（を創造する行為）のこと。一般には新しい技術の発明を指すと誤解されているが、それだけでなく新しいアイデアから社会的意義のある新たな価値を創造し、社会的に大きな変化をもたらす自発的な人・組織・社会の幅広い変革を意味する。つまり、それまでのモノ・仕組みなどに対して全く新しい技術や考え方を取り入れて新たな価値を生み出し、社会的に大きな変化を起こすことを指す」（ウィキペディアより）。

長く解決困難といわれつづけてきた「空調問題」だが、輻射空調が風穴を開けそうだ。遠く寒冷な欧州

の特殊技術ではなく、アジアの酷暑のインドでも実用化されているのだ。ウィキペディアの言葉を借りるならば、もはや「全く新しい技術や考え方を取り入れて新たな価値を生み出し、社会的に大きな変化を起こす」段階に入ったといえよう。付け加えるならば、建築構造や空調補完機器との連携にさらなるイノベーションのヒントが詰まっているのではないだろうか。

地球が与えてくれる貴重なエネルギーを次の世代に受け継ぎ、シンプルで快適な室内温度環境を実現するための知恵や知識、技術はすでに手元にある。後は次の一歩を踏み出す勇気と決断だけである。

輻射空調の採用物件 年表（抜粋件数109件）

西暦	物件名
1979	サーマルハウスPART1
1983	上智大学 中央図書館
	テーテンス事務所本社ビル
1985	生長の家 愛知県教化部
	熊谷守一美術館
1986	特別養護老人ホーム 幸風苑
	河合塾横浜校
1987	サーマルハウス PART2
1988	南海放送サンパーク美術館
1989	小岩アーバンプラザ
	世田谷ヘルシービル
	フランスレストラン シェ・ジョルジュ・マルソー
	ヴィラ・サクラ
1990	山口内科医院
	中山学園第2校舎
	NEC本社ビル
1991	南青山Fビル
	日研フード本社ビル
	玉川学園音楽教室
	好日居
	MOI代官山
1992	上智大学 音楽室
	羽根木公園星辰堂茶室
	数理技研オープンシステム研究所
	武蔵野市中町社宅
	米澤工機本社ビル
	幡ヶ谷HAT HAUS
	根岸住宅建築展示場

1993	環境共生建物地球村の家
	祐天寺宝修理室
1994	池上工業所社宅
	藤原眼科医院
	中野区環境リサイクルプラザ・消費者センター
	ジュエル本社ビル
1995	瀬田の家
1996	聖イグナチオ教会
	いわき市立草野心平記念文学館
	神戸女学院アンジー・クルー記念館
	トヨックス展示場
1998	SANKYO新東京本社ビル
	春野町福祉センター
1999	早稲田大学 喜久井町キャンパス 第1研究棟
	玉川大学 研究室棟
	埼玉県環境科学国際センター
	東葛クリニック病院
	ZIG HOUSE/ZAG HOUSE
2000	太陽園保育園
	東京銀座資生堂ビル
2001	無量寺
	大山祇命神示教会総本部（真実の光会館）
2002	彦根市立病院
	寒地研究所
	南砺中央病院
	伊那中央病院
	多摩動物公園
2003	井の頭保育園
	新芝浦開発計画
	三機工業 技術研究所
	ふじしろ図書館

2004
日本大学法学部 図書館
玉川学園中高科学技術棟・サイテックセンター
佐々木コーポハウス
立正大学 図書館
2005
上智大学 2号館
2006
梶本クリニック 堺分院
ソニーシティ
2007
日産自動車テクニカルセンター
県立福井東養護学校
福井県こども療育センター
2008
西クリニック
かもめ・みなとみらいクリニック
帝京大学 医学部附属病院
公立福生病院
いきいき・クリニック
2009
新丸の内ビル エコッツェリア
大成札幌ビル
鹿島建設技術研究所
三菱地所 執務室
2010
梶本クリニック 新金岡分院
大成建設 本社
つくばみらい技術センター
日東工器新本社
大林組技術研究所 新本館
日本シネアーツ
2011
NEXUS HAYAMA
足利赤十字病院
国立環境研究所
埼玉県東部地域振興 ふれあいキューブ
TODA BUILDING青山
飯野ビルディング

2012
シティーホールプラザ アオーレ長岡
住吉川病院(1期)
国立循環器病研究センター
住吉川病院(2期)
清水建設 本社
大分自動車道SA「パヴェリエ エコエリア山田」
九電工アカデミー
岩手銀行 中ノ橋支店
茅場町グリーンビルディング
2013
電産 新本社
重信クリニック
東京農業大学 図書館
愛知県がんセンター
東熱ビル
順天堂大学
2014
ヤクルト本社 中央研究所
大山ねずの命神示教会
玉川大学 MMRC棟
NTTファシリティーズ 新大橋ビル

参考資料
INAX REPORT №162 特集 葉山成三
2011年1月 建築設備と配管工事
2014年7月 トヨックス実績集
2014年7月 日経アーキテクチュア
2014年8月 BE建築設備
2014年9月 空衛学会論文
2014年10月 第10建築設備シンポジウム
他 ネット検索・報道資料より作成

コラム８

〈お局さま制御〉

今、テナントビルで人気を誇るのが「個別空調方式」だ。ヒートポンプを熱源として、オン・オフや風量調整を利用者が細かくコントロールできる仕組みである。

大規模ビルにヒートポンプ式個別空調を導入して話題となったビルがある。結果は概ね良好だったが、ひとつ課題が残ったそうだ。

それは「制御権争い」。

灼熱の夏、外出から戻った男性社員が低い温度の強風に切り替えると、デスクワークの女子社員が元に戻してしまう。暑がりの上司と冷え性の女性社員の間にも隙間風が……。対策として、上司にだけ冷気が吹き付けるように吹出し口に細工をしたりしたが、それでも社内の不満はくすぶりつづけた。

とうとう空調の制御権を、部署を影で仕切る「お局さま」に委ねることにしたそうだ。お局さまに面と向かって文句をいう人はいなくなったものの、裏ではこんな愚痴もちらほら。

「やはり顔が見えない機械が制御すべきだよねえ……」。

第4章

輻射空調の導入実例レポート

長野の気候と豊富な地下水を活かし、熱と光を「面」で制御する

電算新本社ビル

〈建物概要〉

所在地／長野県長野市

規模／地上５階建て

構造／Ｓ造、免震構造

敷地面積／ 4,939㎡

延床面積／ 9,873㎡

設計・監理／日建設計

施工／竹中工務店

竣工／ 2013年３月

備考／国交省の建物・建築物省CO_2先導事業に採択

〈空気環境に関する主要設備概要〉

熱源／井水ヒートポンプ（冷暖同時取出、冷房専用）

空冷ヒートポンプモジュールチラー

空調／２～４階事務室：天井放射（輻射）冷房

デシカント空調機＋床染み出し空調

１階共用部：単一ダクト VAV

４階役員室＆会議室：ビル用マルチパッケージ

▩▩▩最先端技術と自然エネルギーのコラボレーション

長野市内に見学者が絶えないビルがある。

公共団体などのシステム開発を手掛けるＩＴ企業、電算の新本社ビルだ。２０１３年3月に竣工した地上５階建ての建物に、長野の自然や気候と最先端技術が融合されている。その典型が、豊富な井水（地下水）を天井パネルに巡らして空間を冷やす輻射冷房だ。

井水は年間通じて15℃前後。輻射冷房ならば、熱源を使わなくてもこの水温で天井パネルの表面温度は22℃程度に設定でき、十分な冷房効果がある。必要なエネルギーは地下から汲み上げる動力だけだから、大幅な省エネになる。これは従来の空調ではできなかったことだ。このシステムは「自然エネルギーを活かし、快適かつ省エネな環境を」という同ビルのコンセプトにもぴったり合っている。

電算本社ビルは、単に輻射冷房を組み込んだだけではない。「人間の感覚を重視し、建物と設備と自然力の最適組み合わせを図る」という設計思想に基づいて、建物と設備が一体として設計されている（図1）。

電算本社は日建設計のチャレンジングな提案を受け入れた。

「社員にとって快適な空間ができるのなら、日建設計さんを信頼して先進的な技術を積極的に導入しようというトップ判断でした。輻射冷房の導入についても、社員の健康にもよく、省エネになるということでしたので、反対する理由がなかったですね」（電算 管理本部総務部長）。

▩▩▩豊富な地下水と清涼な外気で省エネを図る

まず、建物全体がどんな仕組みになっているのか、簡単にご紹介しよう。

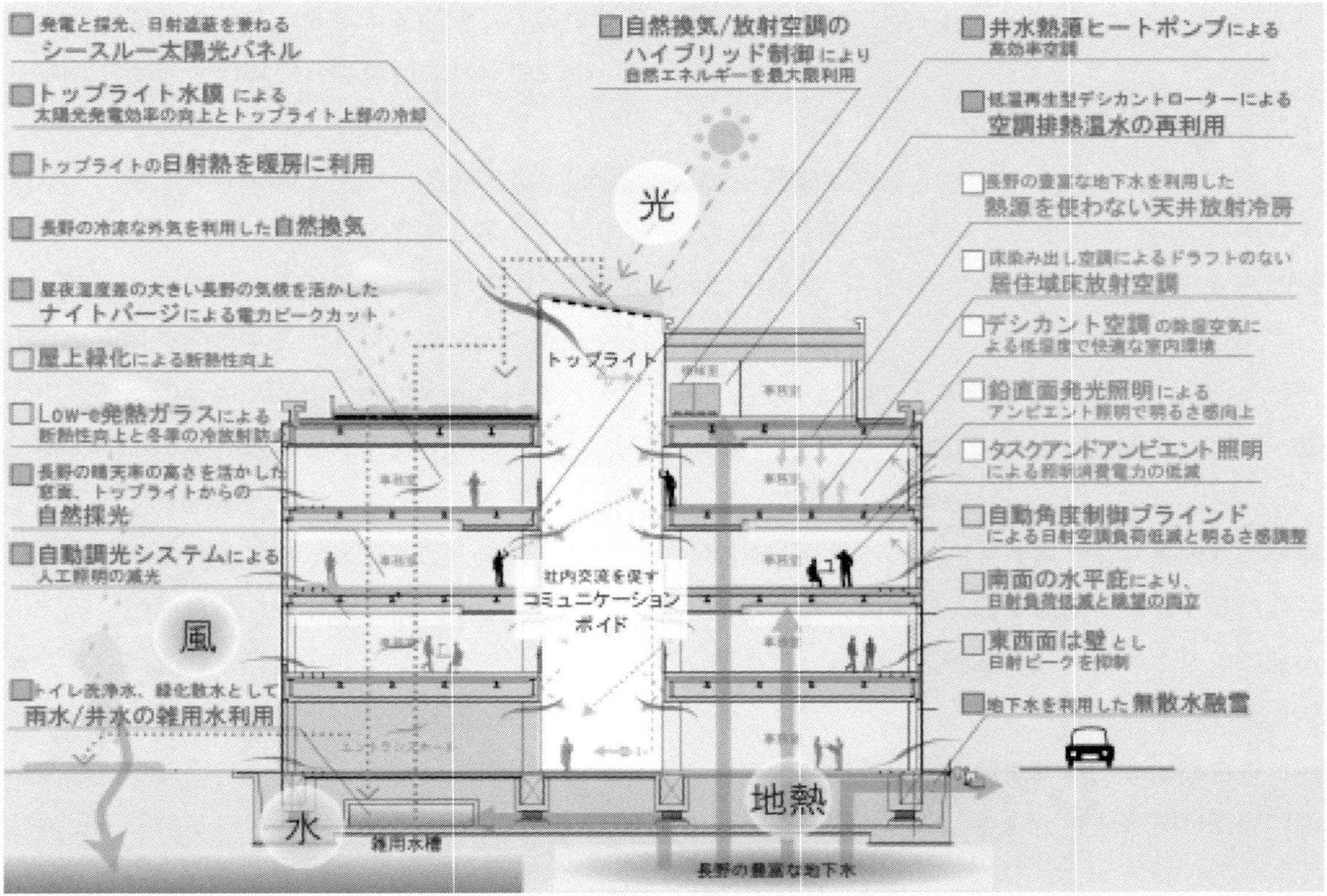

図１　電算新本社の設計ポイント

5階建ての建物は約80ｍ×30ｍの矩形のワンプレート型。中央部に全フロアを貫く吹き抜け空間（コミュニケーションボイド）がとられている。この吹き抜け空間は社員の交流やコミュニケーションを促し、風の通り道としても役立っている。基準階の自然換気口から取り入れた新鮮な外気は、暖まるにつれて吹き抜け空間を上昇し、トップライト上部の換気口から排出される。

湿度の高い外気を取り入れると輻射パネルが結露する恐れがあるため、一般的には輻射冷房は外気とは相性が悪いといわれている。しかし、同ビルで1年間四季を通じて運転した結果、外気の湿度が60％程度までなら、天井輻射パネルが結露することはなかったという。

そこで、春秋などの気持ちのよい季節には積極的に外気を取り入れ、換気や冷房負荷の削減につなげた。清涼な気候の長野では、外気を取り入れることができる期間が長い。外気を取り入れる自然換気窓は、天井パネルが結露しない条件のとき自動的に開放される仕組みだ。

▩▩▩輻射空調の救世主、デシカント空調

外気の湿度が高い時期は「デシカント空調」で湿度を下げて外気を取り入れている。

このデシカント空調の「デシカント」とは乾燥剤または除湿剤の意味であり、「乾式吸着除湿空調機」ともいわれる。外気を室内に入れる場合、これまでは冷媒を使ってコイルを冷却し、空気中の水分を結露させて除湿や減湿しており、再熱が必要だった。しかし、デシカント空調は乾燥剤で空気中の水分を直接除去し、顕熱のみを所要レベルに低下させることができる。これまでの空調システムが潜熱・顕熱の一体処理をするのに対して、デシカント方式では潜熱と顕熱とを分離処理するため、省エネ効果や数々のメリ

スクリーンライトと輻射天井パネルを配した天井

ットがある。

これまで輻射空調にとって湿度対策がネックだったが、デシカント空調の登場でこの問題が解決され、飛躍的に導入しやすくなった。

また、長野は昼夜の温度差が大きい。その特徴を活かして冷房期の深夜に自然換気窓を開放して室内の空気や躯体を冷やし、翌日の空調負荷を下げている。

空気環境（温度、湿度、換気等）のコントロールは、こうして取り入れた「外気」と天井に設置した輻射パネルによる「天井輻射冷房」、それに床に設置した「染み出し空調」を、季節や気候条件に合わせてバランスを取りながら行っている。

天井輻射冷房で全体の温度をコントロールしたうえで、室内の発熱が多いときは床染み出し空調で補う。タスク&アンビエントという関係でみれば、天井輻射冷房がベースとなる「アンビエント」、床染み出し空調が「タスク」というイメージだ。

オフィスに入ってまず驚いたのは天井面の美しさだ（写真）。余分なものがなく、非常にすっきりとしている。実はこのシンプルな天井面に、これまでのオフィスビルとは全く異なる発想と技術が隠されている。「快適マジック」を創り出している天井の裏側を見てみよう。

■■■熱と光を「面」でコントロールするという発想

アルミパンチ製の天井パネルの裏側には、ポリプロピレン製のチューブが毛細血管のように張り巡らされている。このチューブに井水を循環させて天井パネルを冷やす。表面温度20～22℃に冷やされたパネルが、放射（輻射）の原理によって人間の体表面や家具備品、ＯＡ機器の熱を奪う仕組み。そのため、冷風を吹き出して空間を冷やす従来のエアコンと違い、オフィス内には不快な気流がほとんどない。運転音も全くといっていいほどなかった。

写真のように、天井には天井輻射パネルと垂直に交差する形でＬＥＤのスクリーンライトが吊られている。これは設計に当たった日建設計のオリジナルであり、次の理由から輻射冷房との相性がとてもいい。

第1に、スクリーンライトを天井面に対して垂直に設置したことで、輻射冷房パネルの敷設率を高めることができる（輻射冷房能力のアップ）。この方法を考え出したことで、オフィス部分の輻射冷房パネルの敷設率は8割近くまで高まったという。

第2に、スクリーンライトで明るい面が増えるため、周囲がふんわりと明るくなり、少ない電力で効果的に「明るさ感」を演出できる。

この「明るさ感」がミソ。これまでのように「○○ルクス」といった数値だけに頼るのではなく、人間の感覚を重視した考え方だ。また、中央の吹き抜けのトップライトからの光も、各階の打ち合わせコーナーや執務空間の「明るさ感」を補っている。

第3に、LED照明の熱を天井裏に逃がすことで輻射冷房を効率的に運転できる。LED照明の発光面は熱を持たないが、局所的に高熱を発する。そこで高熱を発する部分を天井裏に設置し、輻射パネルの天井裏側を断熱して室内や輻射パネルへ熱が伝わるのを防いでいる。

■■■「空調&照明」から「熱環境&光環境」へ

これまで照明や空調はいわば「点」で考えられていた。しかし、電算新本社は「面」で室内の温度や明るさをコントロールするという新しい発想で設計されている。オフィス内の空気や光が柔らかく穏やかに感じられるのはそのせいではないかと思う。

言い換えれば、通常のオフィスビルはまず建物（箱）をつくり、そこに必要な設備を組み込むという考え方。電算本社は違う。建物と設備を一体とした面で人を包み込み、心身にやさしい環境を創り出すという「全面放射システム」（図2）という発想で設計されている。つまり、空間を構成する天井や開口部（窓）、床がすべて放射（輻射）面として設計されているのだ。

まず、天井。前述したように、輻射パネルとLED照明で熱環境と光環境をコントロールしている。

次に開口部。開口部はもっとも外界の影響を受けやすく、コントロールが難しい。同ビルは複数の対策がとられていた。自動角度制御のブラインドを設置し、窓はLow－E発熱ガラスを採用。自動角度制御のブラインドで夏の強い日差しを防ぎ、冬の寒さはLow－E発熱ガラスがカバーしている。

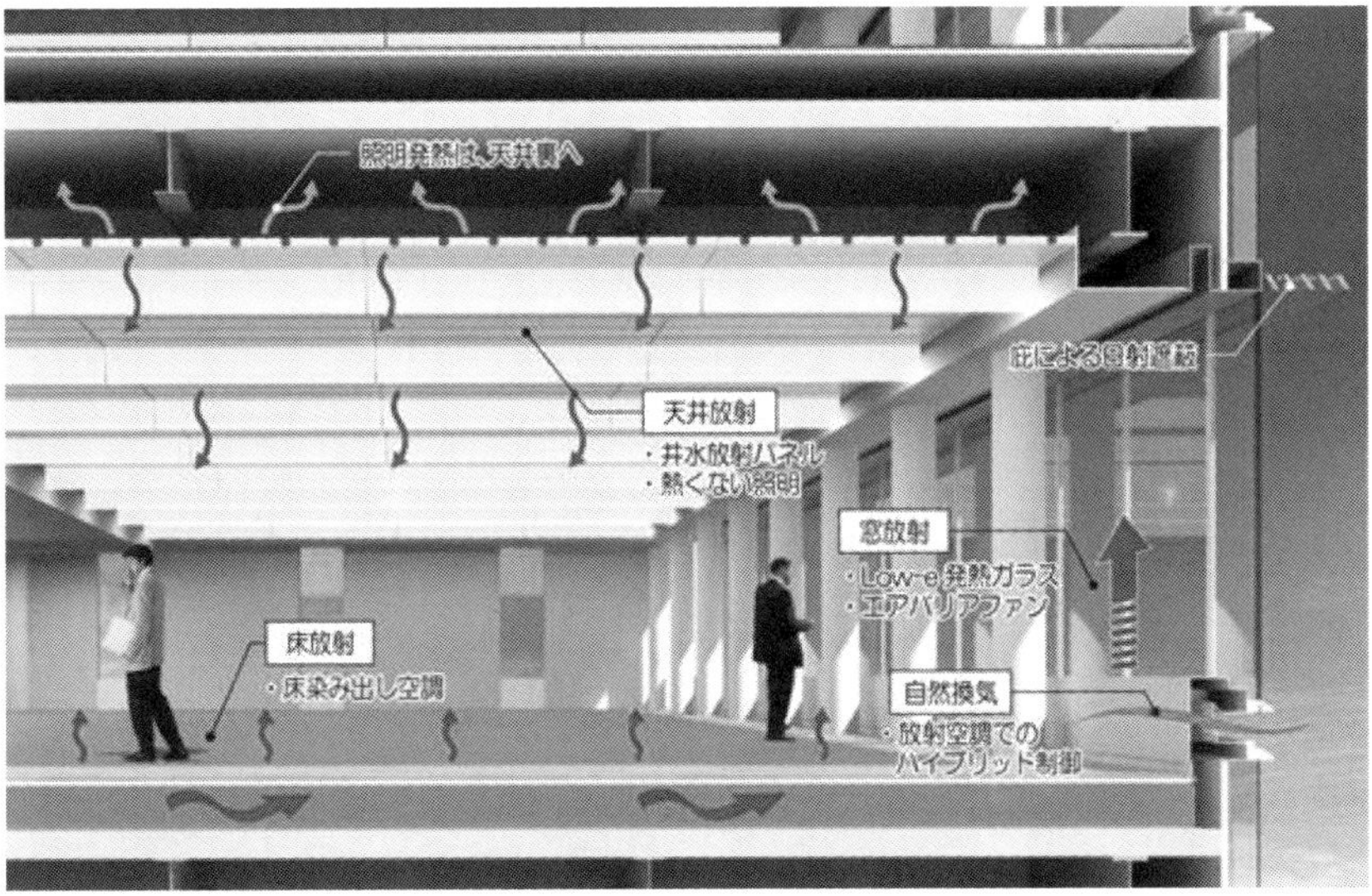

図2　温熱環境をコントロールする全面放射システムの仕組み

図3　今後も含めた年間を通じた冷暖房の運用計画

また、建物中央の吹き抜けのトップライトにも太陽光パネルが設置されており、自然採光と省エネに役立っている。

最後に床面。ＯＡカーペットの下に床染み出し空調を設置し、個別吹き出し口から、夏は冷たい空気を、冬は暖かい空気をごく緩やかに補っている。吹き出し口の開閉は個々で操作でき、吹き出し量を調整できる。この床染み出し空調は、夏期には建物地下の免震層で冷やされた外気を前述のデシカント空調で除湿して供給している。

■■■「膝掛けやマスクがいらなくなりました」

ざっくりと建物と設備の特徴と仕組みを紹介したが、社員の皆さんはどんなふうに感じているのだろうか。新本社ビルには約７００人が勤務しているが、何人かに直接話を聞くことができた。

「旧本社ビルと比べて驚くほど静か。これまでのエアコンのような気流もないのでどこに空調があるか、わからないほど。温度のムラも少なくて、今までのように冷房で足元が冷えることもありません。以前のビルでは1年中膝掛けが必要だったけれど、新本社に移ってからはいらなくなりました」

これは総務の女性の声。新本社ビルは、冷房の「冷え」に悩む女性ワーカーにとても好評のようだ。

ちなみに移転前の築45年の旧本社ビルはセントラル空調だった。ＩＴ企業という特性からＩＴ機器が多く、そこからの排熱処理のため、夏はもとより冬でも冷房が不可欠だった。「夏、冷房能力が足りないときは、フロアに何台もの大型扇風機を設置してしのいでいました」（管理本部総務部）。

エアコンの吹き出し口に近い席は強い冷風が吹き付けるため、女性ワーカーの席の配置には気を配ったそうだ。

「以前のオフィスでは冬場は空気がカラカラに乾くし、埃っぽいのでマスクが欠かせませんでしたが、新本社では必要ない。空気もきれいなように感じます」と総務部の女性は語る。

新本社ビルは湿度も45％程度にコントロールされており、輻射冷房は埃を巻き上げるような気流が起こらない。

■■■試行錯誤しながら最適バランスを模索

一方、建物や設備を管理する担当者は「新しい技術がたくさん盛り込まれていたため、最初の1年間は試行錯誤がつづきました」と振り返る。四季折々に「輻射冷房」「外気の取り入れ」「床染み出し空調」という3つの要素をどのようにコントロールすれば最適な環境で、かつ省エネになるか、試行錯誤が続いたそうだ。

しかし、「2年目に当たる今年は、大分その辺のポイントがわかってきました。今年は5月くらいまで外気だけで済むなど、春秋の中間期はエネルギー使用量を大幅に抑えることができました」(同)。

同ビルは、国土交通省の平成23年度第一回住宅・建築物省CO_2先導事業に採択されており、竣工後2年間さまざまな検証を行っている。数値による検証に加えて、ワーカーが実際にどう感じたか、アンケート調査も行っている。

図4は、竣工1年目にワーカーに実施したアンケート調査結果である。ご覧のように空調への不満は極めて低い。一般的なオフィスビルでは不満のトップに常に空調が挙がっていることを考えると、この結果

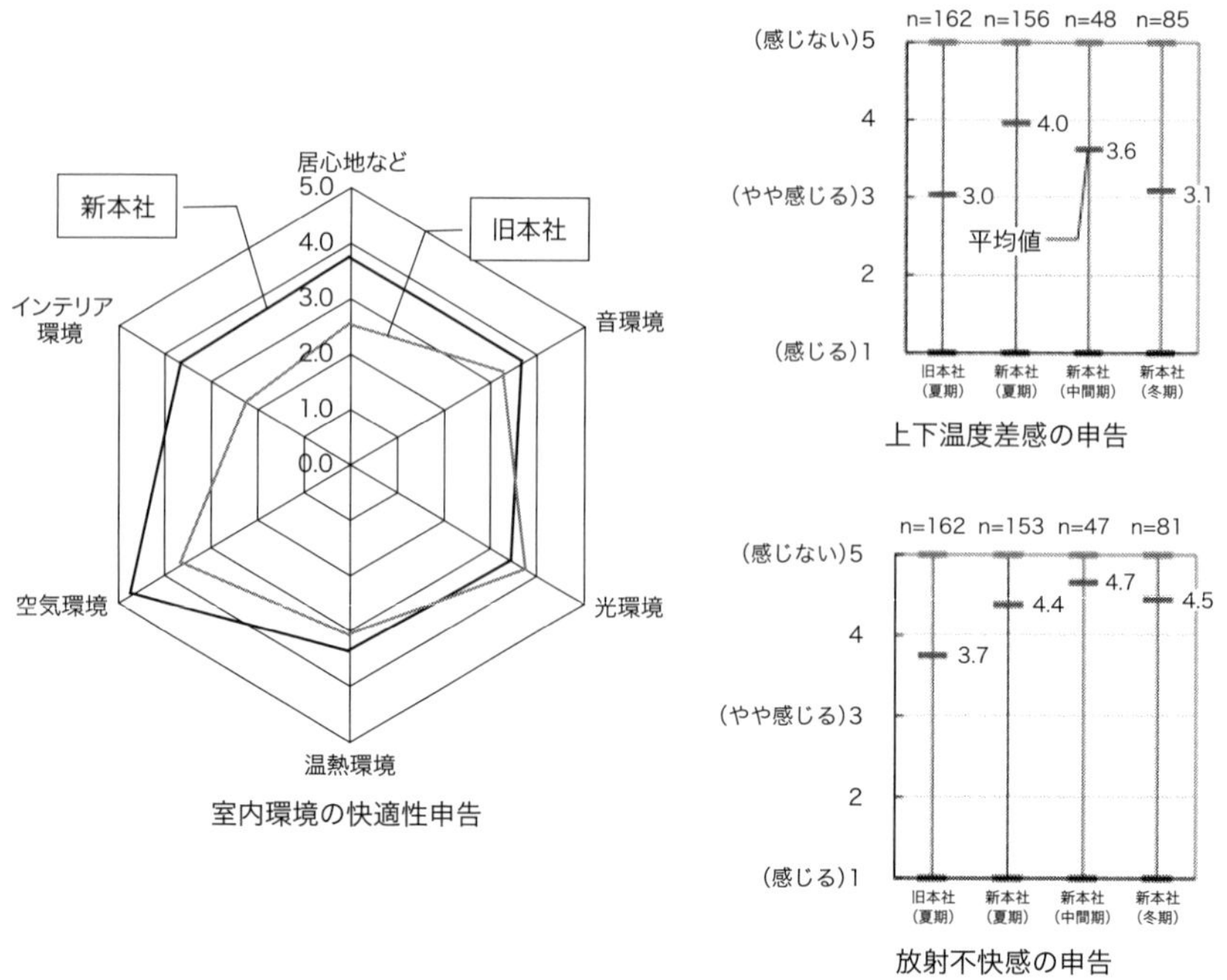

図４　室内環境のアンケート調査（旧本社と新本社の比較）

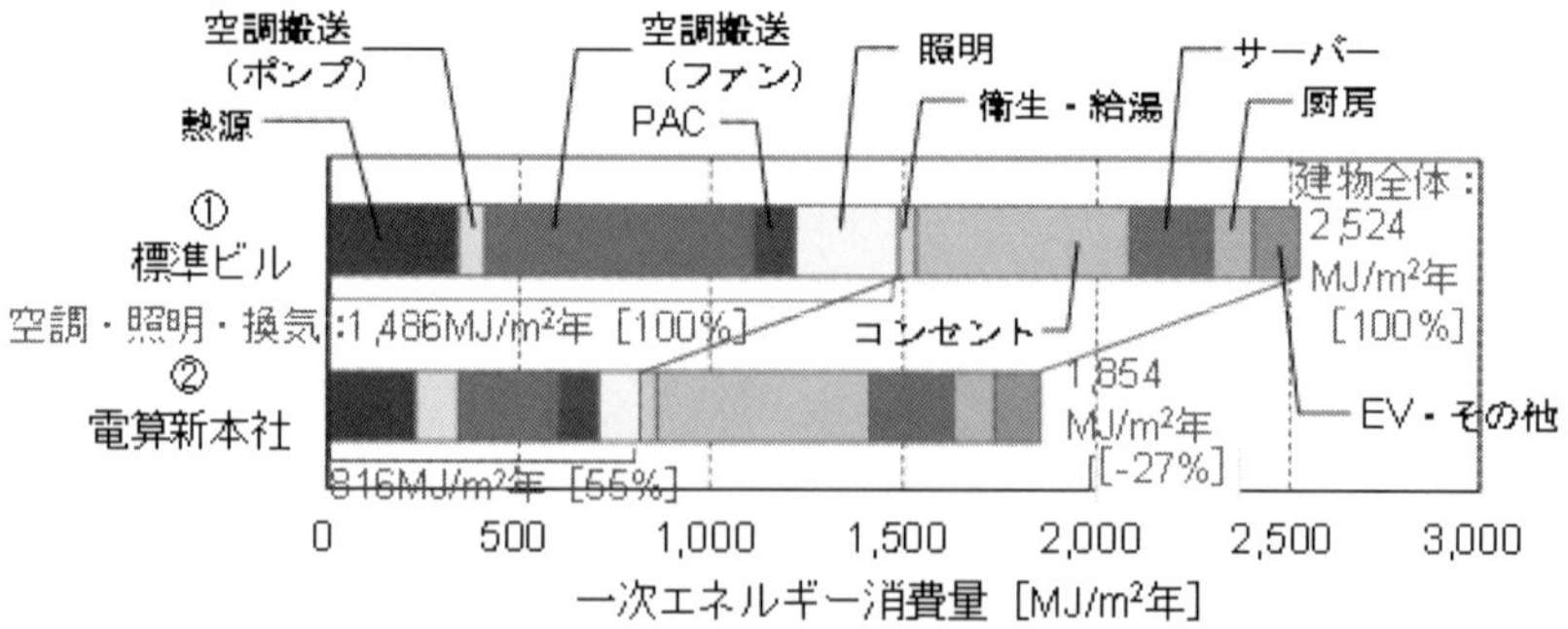

空調・照明・換気で45%削減

図５　電算新本社ビルの省エネ効果

は画期的。輻射冷房の快適性は体験者の実感でも証明されている。

■■■空調と照明で約5割の省エネルギーに

では、省エネルギー効果はどうだったのか。

新本社ビルでは社員食堂をオール電化にしている。そのため厨房の電気使用量は大幅に増えたが、全体としての光熱費は減ったそうだ。

「ざっくりいえば、面積は2倍になったのに光熱費は1・5倍程度です」（管理本部総務部長）。

1年目のデータを検証してみよう（図5参照）。標準ビルと比較した場合、空調と照明だけでみると5割程度の省エネになっている。

電算新本社は業種柄、IT機器用のコンセントやサーバーの使用電力量が多く、全体の5割を占めている。しかし、前述のように空調と照明で大幅な省エネを実現することができたため、全体としての使用電力量は3割近い削減となった。今後、パソコンやサーバーなどのIT機器の省エネ化が進めば、使用電力量はさらに下がる。

省エネという面でも快適性においても、このビルは2年目、3年目と進化していきそうである。

設計者に聞く――輻射冷房の可能性と課題(1)

㈱日建設計　設備設計部門　設備設計部長　長谷川巖氏

電算新本社ビルの設備設計を担当した日建設計の長谷川巖氏に、輻射冷房を提案したきっかけや同ビルの設計のポイント、輻射冷房の可能性や課題について聞いた。

――輻射冷房を提案された理由は？

長谷川　2つあります。ひとつは快適性。もうひとつは長野の冷涼な気候と豊富な井水を活かせること。そこで井水を使った輻射冷房を提案しました。

――設備面のポイントは？

長谷川　ひとことでいえば「放射（輻射）」です。温熱環境だけでなく、光環境にも「放射」という概念を取り入れました。人間の知覚を活かして、熱や光を「面」で制御する方法をとったのです。「空間のなかに冷たい面や明るい面をどう整えるか」という考え方でつくられています。

――その典型的なデザインが天井面ですね

長谷川　ええ、照明と空調がお互いに干渉せず、最大の効果を上げる方法を考えました。天井をどう整えるかで、パネルの敷設面積や明るさ感が変わります。設計チーム内で議論を重ねた結果、輻射冷房パネルを水平に、照明（スクリーンライト）を鉛直にとるという現在の形状になりました。輻射パネルの敷設率は8割弱に高まり、意匠的にも美しく納まりました。

——輻射冷房はどんな空間でも採用できますか

長谷川　間仕切り対応がひとつの課題です。ゾーンを限定すればできますが、スラブ・ツー・スラブの間仕切りが必要な会議室などでは採用しにくい。このビルでも役員室と会議室はビル用パッケージ空調です。空間の大きさや使用時間、立ち上がりなどを勘案し、適材適所で採用するのがいいと思います。

輻射冷房は、このビルの執務スペースのように広い空間には大変有効ですし、間仕切りもローパーティションなら問題ありません。

——輻射冷房が普及する可能性をどう捉えていますか

長谷川　快適性と省エネ性に優れていますし、井水や地中熱や大気熱などを利用することも可能です。いろいろな工夫は必要ですが、普及する可能性は十分にあると思います。

除湿機能と温度調整機能を分けて処理できるようになったことや、配管技術や継ぎ手などの施工技術に対する信頼性が高まったことも輻射冷房の普及を後押ししています。

また、空気で行う輻射冷房もあります。こうしたものも含め、「放射（輻射）」の概念を使った冷暖房は今後増えていくでしょう。従来の空調を席巻するのではなく、適材適所で棲み分ける形になるのではないかと思います。

――輻射冷房を導入する際、どんな点が重要ですか

長谷川　季節毎にどういうふうに面をコントロールするか、それが重要になってくると思います。日本では「冬期」、春秋の「中間期」、「夏期」、「梅雨期」という4種類の気候があります。それぞれの季節に最適な組み合わせを考えなければなりません。そこで、このビルは輻射冷房だけでなく、面を制御するさまざまな方法を組み込みました。最適制御には試行錯誤が必要ですが、選択肢は多くなります。

また、その土地の気候風土といった特性もあります。たとえば、長野は自然換気の街。密閉した空間ではストレスが溜まる。ですから、自然換気も取り入れながら輻射冷房をする方法を考えました。いろいろな方法を組み合わせて運用していくのがいいと思います。

コラム9

〈山車を守る自然の祠〉

飛騨高山の「まつりの森」にはちょっと不思議な場所がある。岩山をくり抜いた祠《ほこら》に、高さ10メートルもある見事な祭山車が8台も納められ、展示されている。これらは日本三大祭りのひとつ、高山祭りの豪華絢爛たる山車。なぜ、こんな場所に山車が保管されているのだろうか。

1993年、飛騨高山の中田金太さんを中心に「100年、200年後も伝統文化を継承して地域に貢献していこう」という壮大なプロジェクトがスタートした。その結果、年間293万人もの人々が飛騨高山を訪れた。

約150年ぶりに祭山車も新造された。大切な祭山車を長く保存するのに一番適した場所を検討した結果、岩盤をくり抜いた地中ドームが最適という結果になったという。

1998年に完成した地中ドームは年間を通じて平均温度20℃に保たれ、湿度もほどよく、祭山車の保存には格好の条件。自然の力を活かし、大自然と調和した輻射空間が地域の伝統文化の継承に一役買っている。

ここは高山市から車で10分前後。高山市を訪れた際は、匠の技に触れながら、静謐で心地よい輻射空間を体験していただきたい。

■

次世代オフィスに向けて新技術導入第一弾として、三菱地所が実験スペース

エコッツェリア（新丸の内ビルディング10階）

〈エコッツェリア概要〉

所在地／東京都千代田区丸の内（新丸ビル10階）

施設規模／422.95㎡（輻射空調面積：80㎡）

事業主／三菱地所

設計・監理／三菱地所設計

輻射空調システム開発・製造／トヨックス

開設／2007年5月（輻射空調導入は2009年10月より）

備考／内閣府の産学連携功労者表彰で「環境大臣賞」受賞

〈空気環境に関する主要設備概要〉

熱源／地域冷暖房

空調／天井＆壁／輻射空調

　　床／床吹き出し空調

　　※調湿はデシカント空調による

■■■新技術の実験の舞台「エコッツェリア」

賃貸ビル業界のトップ企業・三菱地所は、次世代オフィスに導入を目指す新技術の実験に取り組んでいる。新丸の内ビルディングの10階に設けた約80㎡の「エコッツェリア」オフィス部分（次世代低炭素型技術実証オフィス）がその舞台だ。

同社ではここを大手町・丸の内・有楽町（大丸有）地区の環境戦略拠点と位置づけ、エリア内の環境活動、ビル設備やインフラの高効率化・最適化などを実現する環境技術の実験の場として、環境共生の実践と発信をしている。

エコッツェリアには「輻射空調システム」や「ＬＥＤ知的照明システム」などの次世代環境システムを導入。これらの新技術を複合導入した例は世界で初めてである。

２００９年10月から約1年間の実験では、標準的なオフィスに比べて年間32％の消費電力削減効果が明らかになった（図1）。このうち輻射空調において大幅な省エネになった熱の搬送動力は、標準仕様のオフィスと比較して40％以上削減された。空気より水のほうが搬送動力が大幅に少なくて済むためだ。

省エネ効果は実証されたが、快適性はどうだったのだろうか。

エコッツェリアには、一般社団法人大丸有環境共生型まちづくり推進協議会（エコッツェリア協会）の約10名が、実際に勤務しながら輻射空調の空間を体験している。長期にわたって体感したメンバーからは「温度のムラが少ない」「不快な送風音や気流がほとんどない」「設定温度を省エネ設定にしても快適」など高い評価を得ている。

では、エコッツェリアの輻射空調システムを見てみよう（図2）。

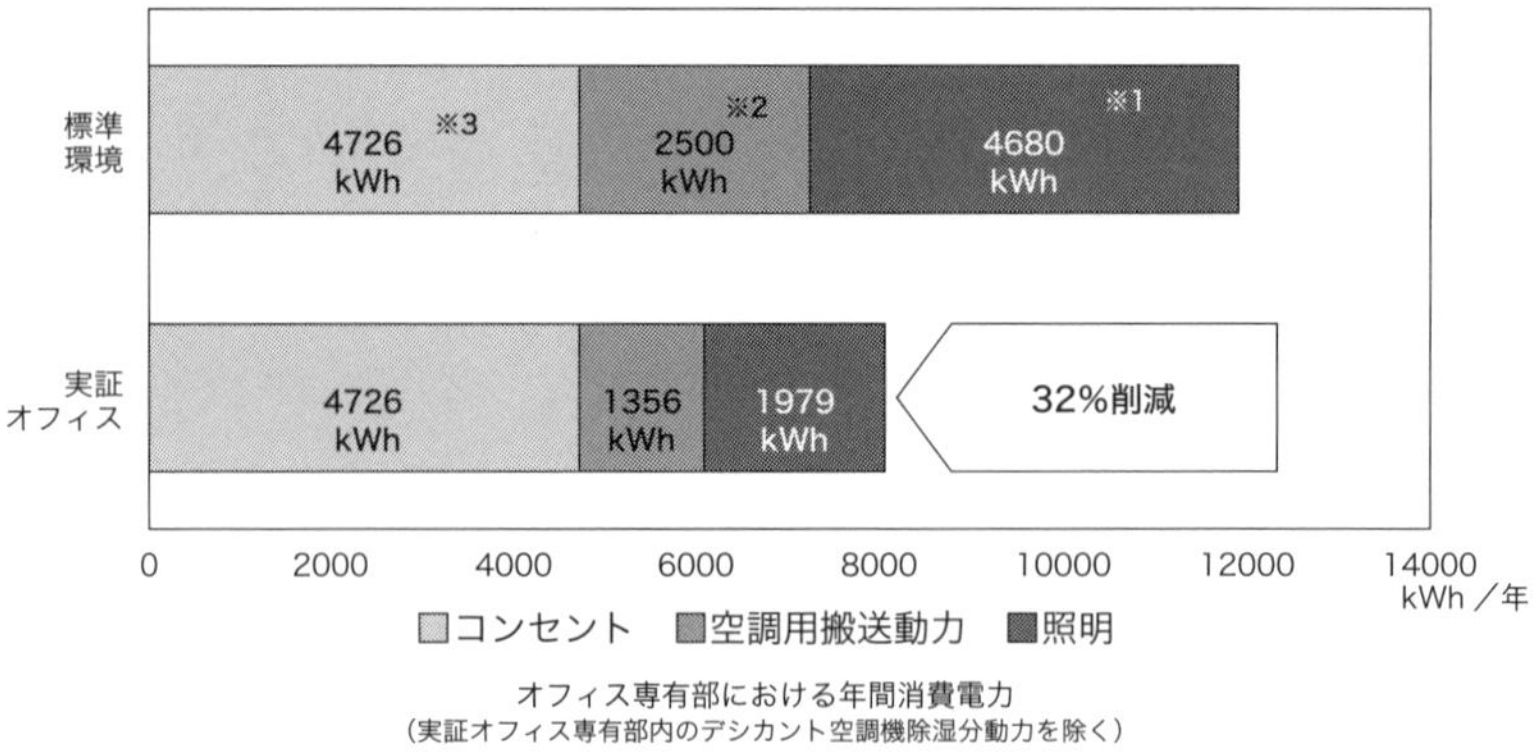

図１　オフィス専有部における年間消費電力
※１　新丸の内ビルの標準仕様である照明（蛍光灯FHP45W・２灯／750ルクス／昼光利用・人感センサーなし）と比較
※２　財団法人省エネルギーセンターの統計値（地域冷暖房熱源・レンタブル比60％以上の新丸の内ビルと同分類ビルを参照）
※３　コンセント消費電力は比較対象とせず実証オフィスの実使用値をスライド（残業等稼働時間が長く、標準値との比較が困難）

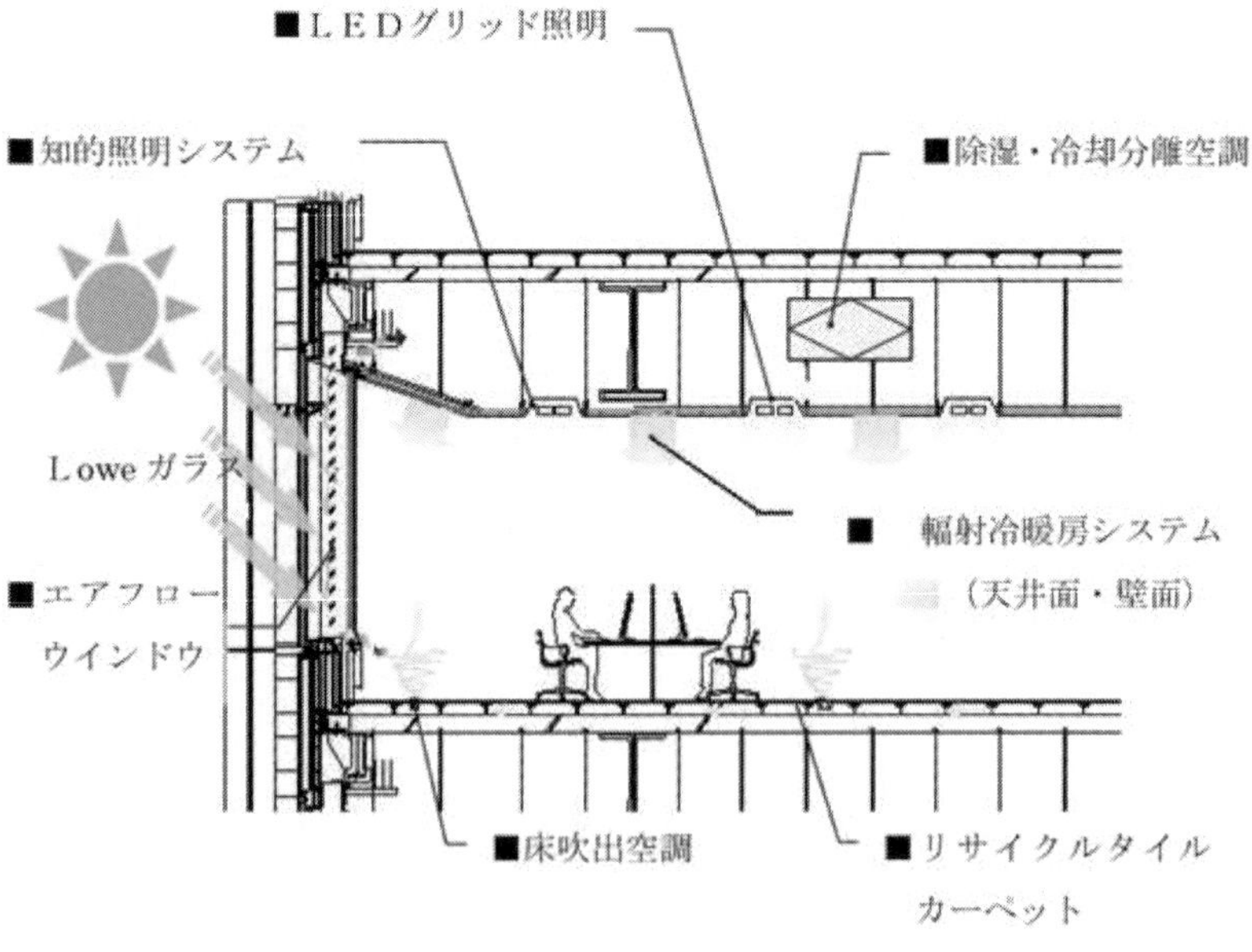

図２　実験オフィス概念図

■■■エコッツェリアの輻射空調システム

天井と壁面には、裏面に樹脂ホースを巡らした輻射パネルを設置し、夏は冷水、冬は温水を循環させて冷暖房を行っている。冷熱源は地域冷暖房だが、夏期は冷水の温度を16～18℃くらいの中温冷水にして使っている。

この輻射空調をベースに、各席の足元には床吹き出し空調を設置。各人が好みに合わせて吹き出し口の風量を調整できる仕組みだ。除湿はデシカント空調で行っている。

また、窓には自動制御ブラインドとエアフローウインドウを設置。自動制御ブラインドを内蔵した二重ガラスの間に室内の空気を循環させ、外からの熱の流入を80％以上カットしている。輻射空調の性能を活かすには外界の影響を減らす工夫が欠かせない。

ソフト面では、ワーカーの省エネ意識を高めるためにモニタリング画面を設置し、エネルギー使用量を「見える化」している。

ハード（躯体＋設備）とソフトの仕組みを総合的に施すことで、省エネと快適性を両立させるシステムを実現し、それを見学者にも体感してもらっている。エコッツェリアは、新技術の実験＆デモンストレーションという2つの役割を果たしている。

■■■「気流や音もほとんどなく、穏やかで健康的」

エコッツェリア協会事務局次長の近江哲也氏は、エコッツェリアに輻射空調が導入されてからずっと輻射空調の空間を体感してきた。その感想を次のように話す。

「四季を通じて体調がいいですね。特に夏場の心地よいひんやり感は格別。体感温度としては普通の空調の設定温度より2℃くらい低く感じられます。省エネ設定の28℃でも大丈夫でした。むしろ26℃設定では、壁の輻射パネルに近い席の人は熱が奪われすぎて寒く感じられるくらいです。それだけマイルドな熱のやりとりで十分に過ごしやすい環境がつくれるということでしょう。また、一般的なエアコンに比べて、輻射空調は設定したとおりの温度になる。これも大きな特徴ですね」

気流もほとんど感じられず、穏やかで心地よい空調と太鼓判を押す。

「炎天下から戻ったときは（気流のない穏やかさが）物足りなく感じることもありますが、10分もすればスーッと汗がひく。身体の火照りが納まるまでウチワや卓上扇風機を使えば問題ありません。何よりもいいのは、長時間冷房の中にいても体調がおかしくなることがないこと。これまでのエアコンより健康的な空調だと感じています」

冬の暖房についても「ほっこりとした温かさ。縁側でひなたぼっこをしている感じです。熱源が天井なので足元が冷えるかと思いましたが、そんなことはありませんでした」。

輻射空調から放射される遠赤外線があちこちに乱反射し、机の下なども万遍なく温めることができるからだ。

また、音については「極めて静かです。静かな環境に慣れてしまったので、普通のエアコンを使っているところに行くと逆に音が気になります」。

■■■漏水等のトラブルなし、パネルはメンテナンスフリー

日本で輻射空調がなかなか普及しなかった理由のひとつに、天井に水をまわすことへの不安がある。だが、この不安は杞憂だったようだ。２００９年から現在までエコッツェリアで漏水トラブルはない。ホースのトップメーカー、トヨックスが開発した天井輻射パネルは継手にも万全の漏水対策が施され、施工性もいいという。

「メーカーで漏水に対する安全性は確認していましたし、元々天井にはスプリンクラーとかドレン管もありますから、天井に水を巡らすことに対してあまり抵抗はなかったです」(近江氏)。

また、「冷やされた天井パネルに結露するのではないか」という不安に対しても実際に実験してみたそうだ。

「無理矢理に湿度70％以上の空気を取り入れ、パネルの表面温度を下げて実験しましたが、パネル表面がしっとりしただけで滴下には至りませんでした。オフィスでの通常運用では、設定温度の4度下くらいの表面温度ですから、結露して滴下する心配はまずないでしょう」(同)。

操作性については「普通のエアコンと同様、温度設定は壁面の操作パネルで簡単にできます。実験の結果、従来のエアコンより正確な設定温度が可能になりました」。

天井パネルについては定期的なメンテナンスは必要ない。これはビルオーナーにとってありがたい。賃貸ビルの場合、メンテナンスのためにテナントスペースに入るのは極力減らしたいからだ。

■■■長時間の滞在に向く穏やかな空調

２００７年当時、日本では輻射空調や知的照明システムなどの最先端設備を一箇所で体感できる場所はなかった。そのため、エコッツェリアにはゼネコンや設計事務所、設備関係者、ディベロッパーなどから見学者が詰めかけた。

「最初はひんやり感を味わっていただきたくて夏は26℃設定にしていました。でも、28℃の省エネ設定でなくてはいけないんじゃないかというご指摘があって、今は28℃に設定しています。長時間いる我々は28℃で心地良いのですが、見学者にはインパクトが弱いのでちょっと悩ましいですね」と近江氏は苦笑い。

エコッツェリアでは壁面にも輻射パネルを施工し、実際に触ることができるようになっている。設定温度を26℃近くまで下げると、身体の熱を奪われて寒く感じる人もいるそうだ。

■■■データでも示された輻射空調の快適性

新技術の実験を目的とするエコッツェリアでは、千葉大学大学院の川瀬貴晴教授らの協力を得て詳細なデータをとっている。この数値からも輻射空調の特性が検証された。

たとえば、オフィス各所に設置した計測器の数値をみると、夏季のオフィス空間の水平温度分布のムラが少ない。また、室内の上下の温度差も約1℃以内に収まるなど、ワーカーの「室内の温度ムラが少ない」という感想と一致する。冬期についてもほぼ同様の結果が出ている。

また、快適性を計る指標のひとつであるＰＭＶ値（Predicted Mean Vote）も、図3のように夏期、冬期ともに概ね±０・５に抑えられており（０に近いほど快適）、快適な環境が実現されていることが証明

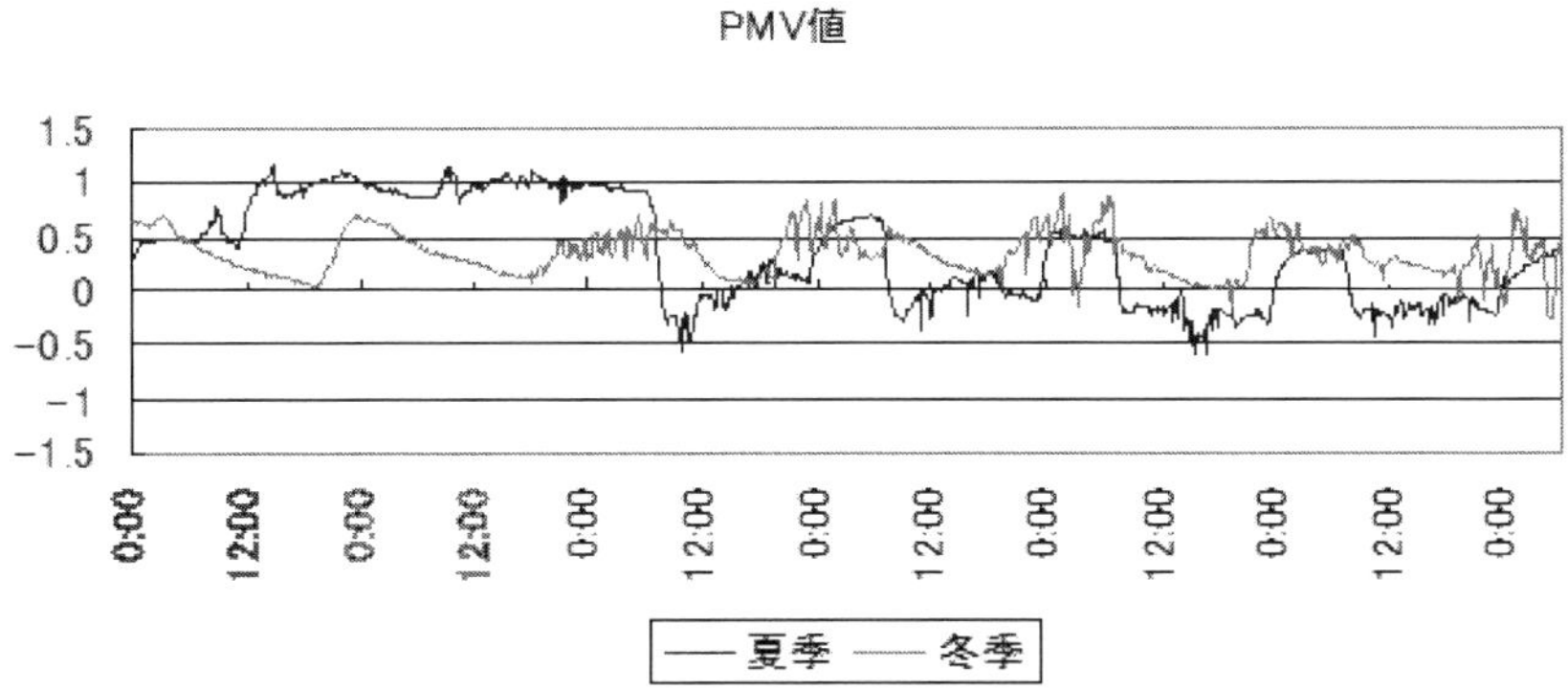

図３　温熱環境実績（PMV値）

された。

ちなみにＰＭＶとは、１９７０年デンマーク工科大学のポール・オーレ・ファンガー教授が発表した理論。温度環境に関する６要素（空気温度、平均輻射温度、風速、相対湿度、着衣量、代謝量）から快適度を明らかにする指標だ。

なお、エコッツェリアは「利用者に我慢を強いずに32％という大幅な低炭素化を実現したこと」などが評価され、内閣府の産学連携功労者表彰で環境大臣賞を受賞している。

輻射空調導入のきっかけ

三菱地所が輻射空調に着目したのは「新しいオフィスの貸し方研究会」（本田広昭氏主宰）がきっかけだった。

この研究会で輻射天井パネルの開発を進めていたトヨックスの宮村正司氏と、前出の三菱地所の合場直人氏、岩田研一氏、谷澤淳一氏が出会い、輻射空調先進国のドイツやスイスなどを視察。三菱地所は現地の動向やトヨックスの輻射空調パネルの品質や技術力、熱源とのマッチングなども勘案してエコッツェリアへの試験的導入を決めた。

ドイツでは主要なビルに輻射空調が採用されており、賃料にも反映されていた。こうした実態をみて「検討すべき技術であり、次世代オフィスの付加価値となる可能性が高い」と判断、早速導入に向けて実験を開始したという。

テナントビルに本格的に導入する前に検証すべきことはたくさんあった。

水漏れはないか、地震時の安全性はどうか、ヨーロッパとは気候条件が違う日本で十分な性能（快適性や省エネ効果）が得られるか。イニシャルコストやランニングコストの把握、事業採算性の検討、さらにメンテナンス性、操作性、新技術に対するテナントの反応など、さまざまな角度からテナントビルへの導入可能性を検証することになった。

現在は、第一弾のエコッツェリアの実験結果を踏まえ、三菱地所が本社を置く「大手町ビル」や「茅場町グリーンビルディング」にも輻射空調システムを導入、前述の課題の検証を続けている。

一連の取り組みは、グローバル時代の賃貸オフィスビル市場を見据えたもの。今後、競争激化が予想されるAクラスビルの差別化戦略への布石でもある。

■■■普及への課題はイニシャルコスト

体感した人にはすこぶる評判のいい輻射空調だが、課題も残されている。ビルオーナーにとってはイニシャルコストが最大の課題だ。

熱源等を含めたシステム全体の厳密なコスト比較はできないが、通常の空調システムより割高になる。

メーカー側も天井輻射パネルの規格化などによってコストダウンを図るべく努力しているが、普及前夜で量産化できない点がネック。需要と価格の関係は〝卵が先か、鶏が先か〟だが、さらなるメーカー努力に期待したい。

また、従来のパッケージ空調の設置は簡単だが、輻射空調はそうはいかない。性能を最大限に引き出すには躯体と一体となった設計が不可欠だ。設計者、施工者への啓蒙や教育も普及の鍵になる。

企業経営者の意識も普及を左右する要素だ。

「ワーカーにとって快適で健康的なオフィス環境を提供することが、引いては生産性や企業価値の向上につながる」と考える経営者が増えれば、輻射空調への関心は高まってくるだろう。

▓▓▓安心・安全、環境、そして健康へ

東日本大震災以降、オフィスビルの安全性や省エネへの関心が急激に高まった。「安全・安心、環境（省エネ）、その次にくるキーワードは『健康』ではないか」と近江氏は予測する。

たとえば、日本政策投資銀行が「ＤＢＪ健康経営格付（ヘルスマネジメント）融資」を始めている。こうしたことをきっかけに「社員が健康になるようなオフィス環境を提供しよう」という流れができてくれば、健康維持の有効なツールとして輻射空調がブレイクするかもしれない。

「企業経営者が環境価値、健康価値をどうみるか、それも輻射空調普及のポイントになるでしょう。また、コストに対する考え方についても、ランニングコストやメンテナンスコストを勘案したライフサイクルコストで比較すれば、一概に高いとはいえないと思います」と近江氏。

コストに対する見方を見直してもらおうと、メーカーではさまざまな要素を加えたコストシミュレーシ

ョンを行っている。これについては第1章を参照されたい。

■■■貸室面積を増やせる可能性も

一方、輻射空調は「快適性、省エネ」のほかにも、ビルオーナーにとって大変魅力的な特長がある。天井裏のダクトスペースが少なくて済むことだ。既存ビルに導入すれば、その分、室内の天井を上げることができる。

新築ビルの場合は、建築物の高さ制限があるようなエリアでもフロアを増やせる可能性がある。仮に同じ建物高さで1～2層分のフロアが余分にとれるとしたら、賃料総額のアップも期待できるということだ。また、輻射空調の良さがテナント企業やワーカーから認められるようになれば、ヨーロッパのように賃料や空室率に反映する可能性もある。知的生産性やワーカーの健康に気を配るエクセレントカンパニーの誘致にも有利になる。長期的視点でみれば、初期投資の増加分を取り戻せるのではないだろうか。

その第一段階として、多くの人に輻射空調を体感する機会を提供し、実験データを公表してきたエコッツェリアの存在意義は大きい。

第2弾として、築50年を超す大手町ビルのレトロフィット（改修）に輻射空調を導入

三菱地所本社の「低炭素型オフィス改修」

〈大手町ビル概要と改修概要〉

所在地／東京都千代田区大手町（三菱地所本社６階）

竣工／ 1958 年４月

規模／地下３階地上９階建て

延床面積／ 111,272㎡

今回改修部分／６階の約 375㎡

改修設計・監理／三菱地所設計

輻射空調基本設計／ MWH バコール・エア AG（スイス）

輻射パネル施工／トヨックス

改修期間／ 2010 年４月５日〜６月 30 日

※ LED タスク＆アンビエント照明システム等も導入

※輻射空調により天井高は 2,600㎜から約 2,800㎜へ

〈空気環境に関する主要設備概要〉

熱源／地域冷暖房、フリークーリング（屋上に新設）

空調／輻射空調（空気式、水式）＋建物躯体蓄熱

（ハイブリッド天井輻射空調システム）

既存ビルの省エネ&快適性を高めるために

輻射空調は既存ビルにも導入できる。

三菱地所は大手町ビル（東京・大手町）にある本社の一部を改修し、輻射空調と躯体蓄熱を併用した「ハイブリッド天井輻射空調システム」（後述）を導入した。エコッツェリアの流れを引き継いだ第2弾の実証実験であり、既存ビルのレトロフィット事例として興味深い。

「オフィスビルの環境対策は新築ビルへの最新技術導入だけでなく、既存ビルにも実施していくことが社会的要請であり、ビルオーナーの責務。今回、築50年以上の大手町ビルの改修に輻射空調などの新技術を採用したのは、環境対策に加えて快適性や居住性を向上させ、ビルの商品価値を高める方法を探ることが目的です。ハイブリッド輻射空調システムは、省エネ、快適性、居住性、ランニングコスト削減を同時に実現できる技術と判断して導入に踏み切りました」（三菱地所）。

大手町ビルは1958年竣工の大規模賃貸ビル。今回の「低炭素型オフィス改修」で誕生したオフィスには、同社の営業セクションの数十人が3年半勤務して経過をモニタリングした。

将来、輻射空調をテナントビルに導入する際、自ら輻射空調を体感していれば、テナント企業に対する説明にも説得力が増す。

「輻射空調＋躯体蓄熱」のハイブリット

では、大手町ビルの改修内容をみていこう。

天井には水式輻射空調パネル（冷暖房）と空気式輻射空調パネル（冷房＋換気）を敷設し、併せて躯体蓄熱システムも導入している。

水による輻射空調パネルの裏側には冷温水が循環するパイプを巡らせ、パネル表面温度の調整によって室温をコントロールする仕組み。高気密高断熱のオフィスビルでは四季を通じてメインは冷房対応だが、冬は寒気の影響が出やすい窓側部分のみ、温水を循環させて暖房ができるようにしている。

一方、空気による輻射パネルは外気を混ぜた空気でパネルを冷却しつつ、表面のパンチング穴から換気に必要な空気量をごくゆっくりと供給している。

この2種類の輻射空調に躯体蓄熱を組み合わせた（ハイブリッド）点が大手町ビルの大きな特徴だ。躯体蓄熱とは、夜間の外気などで冷やした冷熱をコンクリートスラブなどに蓄熱し、昼間に微速な気流として室内に戻す仕組み。これによって省エネと使用エネルギーの平準化を図るとともに、朝の始業時から涼しく爽快な環境をつくり出している。この「ハイブリッド天井輻射空調システム」は、ヨーロッパで数々の実績を持つスイスのＭＷＨバコール・エア社の指導を受け、日本の気候に合ったシステムを共同開発したものだ。

今回の改修工事ではこれらのほか、屋上にフリークーリング用冷却塔を設置（自然エネルギーの利用）した。さらに断熱サッシへの改修（断熱性の向上）や、ＬＥＤタスク＆アンビエント照明システムへの変更（省エネ化）なども併せて行い、輻射空調の能力を最大限に活かすように配慮している。

■■■輻射空調の特性を活かすフリークーリング

そのなかでもフリークーリングの採用は画期的な効果を上げた。

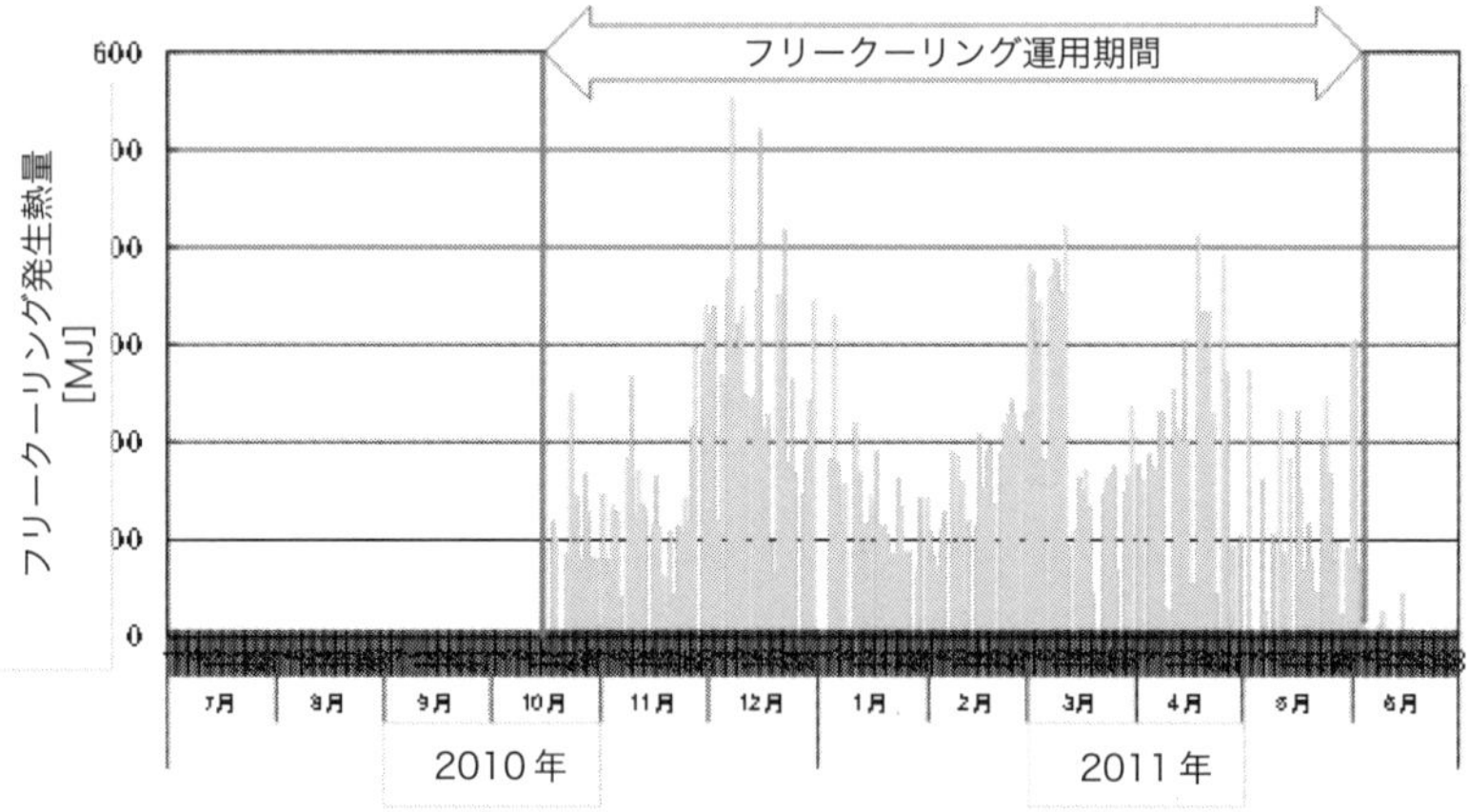

図1　フリークーリングによる自然エネルギー利用の運用実績

フリークーリングとは、外気温が低い季節は熱源を使わず、外気との熱交換で空調用の冷水をつくる仕組み。こうしてつくった冷水を昼間は輻射空調パネルに送り、夜間は躯体蓄熱に活用する。外気熱という自然エネルギーを有効に活用できるため、非常に高い省エネ効果が期待できる。

これは「ぬるめの冷水でも冷房に使える」という輻射空調の特性を活かしたもの。輻射空調（冷房）ならば16℃程度の水温でも冷房できるのでフリークーリングの運用期間が広がる。実際に大手町ビルの低炭素オフィスでは、1年の半分以上にわたって、フリークーリングによる自然エネルギーを活用できたという（図1）。

また、水は空気よりも熱の搬送効率が格段に高いため、搬送動力を約4分の1程度に抑えることができる。

「諸々の対策を施した結果、一般的な空調を導入した場合に比べ、消費エネルギーを20％削減できました。改修部分のCO_2削減量は約36t。ビル全体に適用したと仮定すると、CO_2換算で414tに相当します」（三菱地所ビル営業部新ビルテナント工事室　森博副室長）

一般的にみて、ビル設備全体に占める空調の消費エネルギー割合は40％程度。輻射空調の導入で消費エネルギーの20％削減が可能ならば、ビル全体でみれば空調だけで８％程度の削減効果があると試算される。なお、改修前と改修後では「照明などによる省エネ分も含めると、消費エネルギーは３割程度の削減になります」(同)。

■■■２６００㎜の天井が約２８００㎜に

既存ビルの改修に輻射空調を導入したことで「目に見える」効果があったのが「天井高」だった。通常の空調は送風ダクトを設置するため、天井裏のスペースが必要だが、輻射空調は直接人体などから熱を奪う仕組みであり、ダクトスペースが少なくてすむ。したがって天井を上げられる。

今回の改修では２６００㎜から約２８００㎜へ、２００㎜も天井を高くすることができた。

「輻射空調の穏やかさや身体への負担の少なさは体験してみないとなかなかわかってもらえません。営業的にはそこが歯がゆいところ。しかし、天井高の違いは一目瞭然です。圧迫感や居住性が全く違いますので、営業面でも大きなメリットになるでしょう。輻射空調とはどういうものか、見学依頼も多々ありましたが、見ただけでは天井の高さや金属パネルの綺麗さくらいしかわからず、本当の素晴らしさは、実際に生活してみないとわかりません」(同社ビル営業部新ビルテナント工事室　小林厚室長)

■■■９割が「以前より良い」と評価

では、肝心の快適性についてはどうか。

「四季を通じて快適です。建物の気密性が高いので、冬も朝1〜2時間くらい暖房するだけで十分でした。夏は設定温度より体感温度が2℃くらい低く感じられます。輻射空調は当初アバウトなイメージがあったのですが、実際に体感してみると0・1〜0・2℃刻みの温度差も感覚としてわかりますし、ゾーン毎に設定温度を変えても違いがわかる。いわば『違いのわかる空調』です。また、音や気流も極めて少ないので集中力が高まるように感じます」(小林室長)

このオフィスに勤務するワーカーに、空調についてアンケート調査を実施したところ、88%が「以前と比べてよい」と回答。音については90%以上、ドラフト(気流)に関しては、なんと全員が「以前より良い」と回答している。

自由回答でも「以前より涼しく感じられる」「出社したとき、オフィスが涼しい。冷房が効きすぎて足がだるいことがなくなった」「電話の音が聞きやすくなった」「仕事に集中できる」など、ほとんどが肯定的な意見だった。

また、設定温度を24℃、26℃、28℃に変えてアンケートをとったところ、「一般的な空調では28℃設定ではクレームの嵐になりますが、輻射空調では28℃でも耐えられるという結果が出ました」(同)。

室内2箇所で計測した上下温度分布も、最上点と最下点の温度差が1℃以内に納まるという非常に良好な結果が出ている(図2)。

知的生産性とオフィス環境

オフィス環境の知的生産性測定プログラム「SAP」でもオフィス環境を測定している。SAPとは、

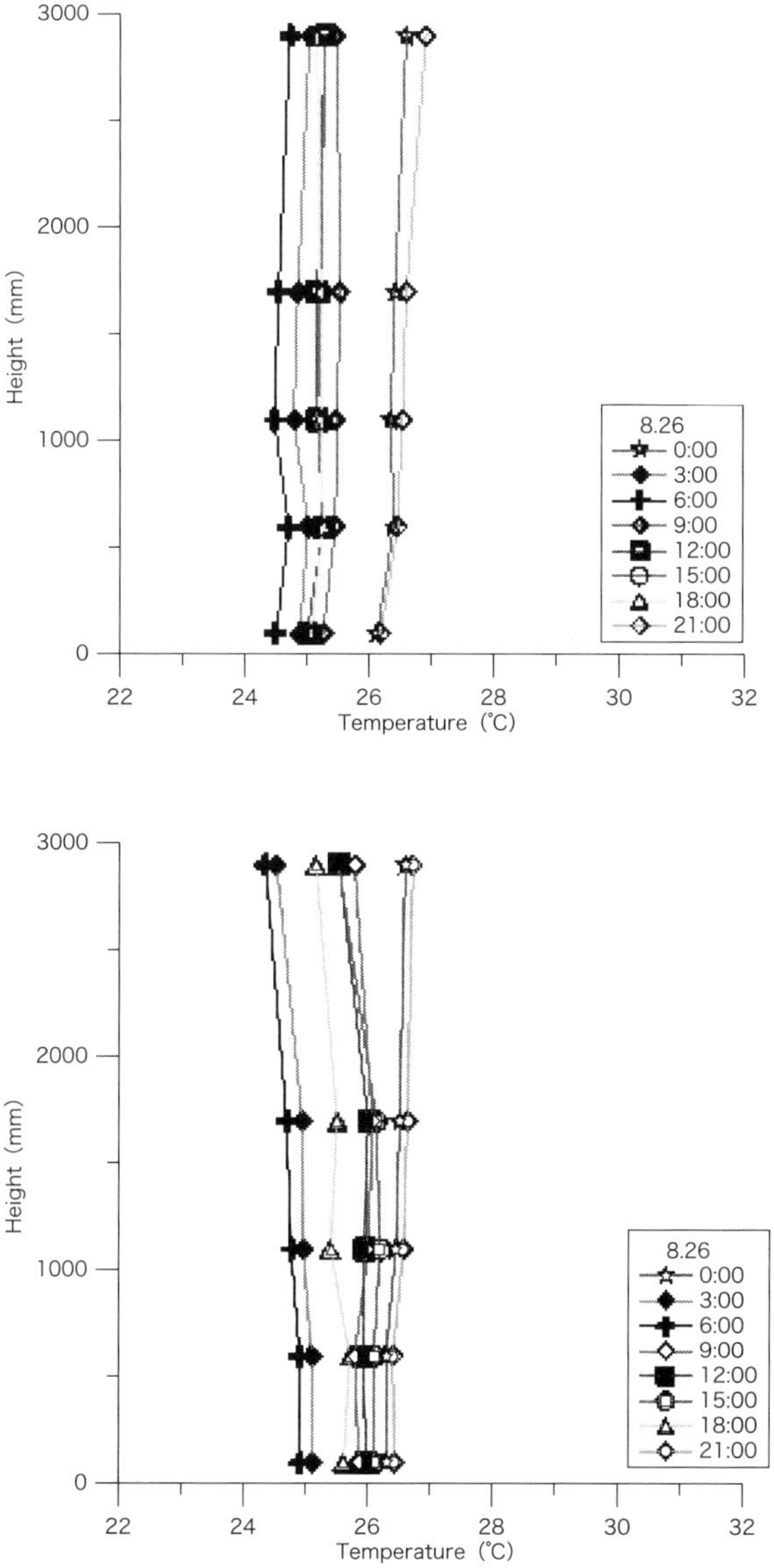

図２　温熱環境の実績　夏期上下温度分布（室内２箇所で計測）

社団法人日本サステナブル建築協会が開発した指標で、光環境、温熱環境、空気環境、音環境、空間環境、IT環境の6項目についてワーカーにアンケート調査を行い、5段階評価で知的生産性を測定する。同オフィスは、温熱環境、空気環境、音環境の3項目において5段階評価で4という高い評価を得ている。

通常、快適温度から3℃上がると6割のワーカーが不満に思い、作業効率は35〜40%下がるという。経営者の立場で考えれば、快適な環境を提供することで就業時間内に集中して仕事をしてもらい、残業なしで済むほうがずっと生産効率が上がる。ヨーロッパではすでにそうした考え方になっているという。

空調に対するワーカーの不満が明らかなのに、なかなか改善されない日本。輻射空調が突破口となることに期待したい。

■■■漏水、結露、耐震性なども問題なし

漏水や結露、天井パネルの耐震性などについてはどうか。

「念のため漏水検知器をつけ、配管内の水を吸引するバキューム機も設置しましたが、一度も漏水事故はありません。結露についても除湿制御用空調機（デシカント空調機）で適湿にコントロールしているので、トラブルやクレームは出ていません。1年目の点検でパネルを開けてみましたが、結露などの痕跡は一切ありませんでした。輻射天井パネルに関しては、メーカーがいうように定期的なメンテナンスは必要ないことを確認できました」（森副室長）

地震に対する安全対策も講じている。東日本大震災クラスの震度7の地震でも、天井パネルが落下して

人が怪我をすることのないように、万が一天井パネルが外れても4点吊りのワイヤーで落下を防ぐ仕組みになっている。東日本大震災では、東京都心で震度5強の揺れを体験したが、全く問題はなかったという。

大手町ビルのリニューアルは、既存ビルに輻射空調を導入する方法やその効果を実証したという点で非常に興味深いケースである。

輻射空調を採用した日本初のテナントビル実用化に向け、いよいよ実証段階へ

茅場町グリーンビルディング

〈建物概要〉

事業主／三菱地所

所在地／東京都中央区

規模／地下１階地上10階

構造／地下鉄骨鉄筋コンクリート造、地上鉄骨造

敷地面積／387㎡

延床面積／2,870㎡

用途／賃貸オフィス

設計・監理／三菱地所設計

施工／前田建設工業

輻射空調施工／トヨックス

竣工／2013年５月

備考／４タイプの次世代照明システムを導入

　　CASBEE-Sクラス認証（実施設計段階）

　　住宅・建築物省CO_2先導事業（国土交通省）等に指定

〈空気環境に関する主要設備概要〉

熱源／冷温水熱源・高温冷水熱源：屋上設置ヒートポンプによる中央熱源方式

空調／ハイブリッド輻射空調方式

　　ペリメータ処理：エアバリアファン

自然換気／メゾネット換気（重力自然換気システム）

実験段階から実証段階へ

「茅場町グリーンビルディング」は、新築賃貸ビルに輻射空調を取り入れた日本初のケースである。地下1階地上10階建ての中規模ビルで、2013年5月に竣工した。三菱地所グループがこれまで取り組んできたさまざまな先進技術を集中的に導入し、CO_2換算で消費エネルギー45％削減を目指している。

同ビルのプロジェクトマネジャーを務めた雛元昌一郎氏（現・名古屋支店プロジェクト推進室担当室長）は、その目的を次のように振り返る。

「エコッツェリアや当社オフィスで実験してきた新技術を、テナントビルでの実用化に向けて実証していこうということで、茅場町プロジェクトがスタートしました。さまざまな先端技術が実用に足るものか、テナントビルとしての管理運用方法や事業採算はどうか、現在、実際にビルを運用する中で確認をしています。輻射空調の技術面のノウハウはこれまでにかなり蓄積していたので心配していませんでしたが、他にもさまざまな新技術をテナントビルとして初導入しましたので、テナントさんにご迷惑が掛からないようかなり気を配りました。現在もテナントさんのご協力を得て、アンケート調査やデータをとり続けています」

では、実証段階に入った茅場町グリーンビルディングをみていこう。

輻射空調の性能を引き出すさまざまな工夫

まず、特徴的なファサードが目を引く。格子状の外枠を施した外装には日射や熱を遮り、動力を使わずに自然換気を行うための工夫がある。

高断熱の外壁、光を入れながら日射熱を遮る高断熱Ｌｏｗ－Ｅペアガラス、窓側に上下２層の吹抜空間をつくりだすフレーム。そして、日射しを遮って空調の負担を減らす機能と、室内に光を入れて天井面を照らす機能を併せ持つエコグリッドで構成されている。

これらによって外界の悪影響を減らしながら、必要な光や自然エネルギーを取り込んで省エネを図ると共に、輻射空調の性能を引き出している。

特に「メゾネット換気」と名付けた２層吹き抜けの重力自然換気システムは、気圧差により空気が上昇する原理を使い、窓側に設けた２層吹抜空間約７ｍの高低差を利用して自然換気を行うというもの。自然換気に適した条件になると、自動でも手動でも給排気口が開閉できる仕組みだ。

■■■大手町ビルにつづき、ハイブリッド輻射空調システム導入

同ビルにも、大手町ビルで実験を行った「ハイブリッド輻射空調システム」が導入されている。「輻射空調」（水輻射空調パネル＋空気輻射空調パネル）と「躯体蓄熱」を組み合わせたシステムだ（図1、図2）。

運用期間としては、年間を通して輻射空調がベースとなり、5月～10月頃は躯体蓄熱が効果を発揮。春、秋の中間期は自然換気で外気を取り入れ、11月～4月頃はフリークーリング（後述）で自然エネルギーを活用する。このように、季節毎にさまざまな技術とツールを最適に組み合わせ、省エネと快適性の両立を目指している。

ハイブリッド輻射空調システムの基本的な仕組みや効果については、大手町ビルの項で触れたので割愛

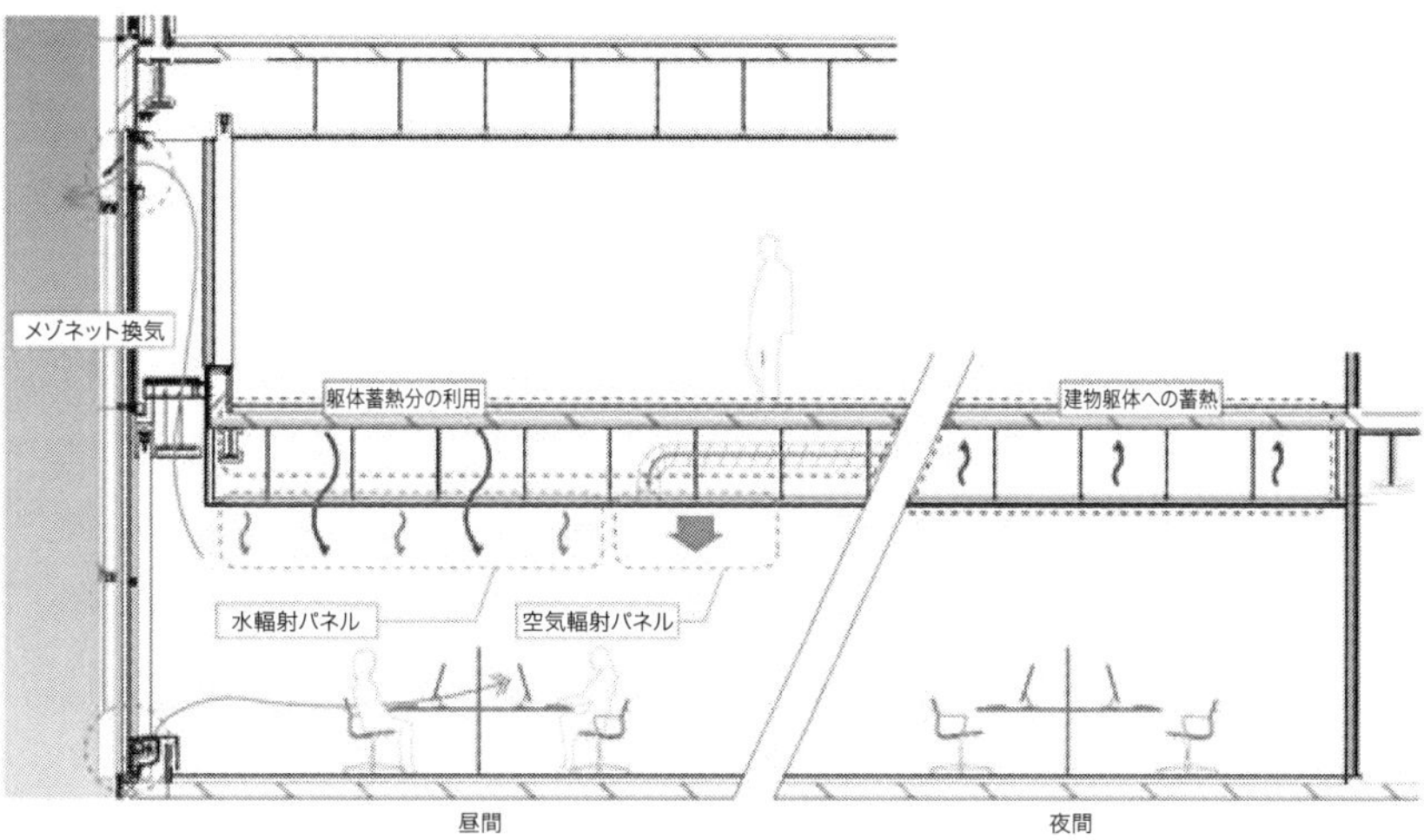

図1　ハイブリッド輻射空調システムの概念図

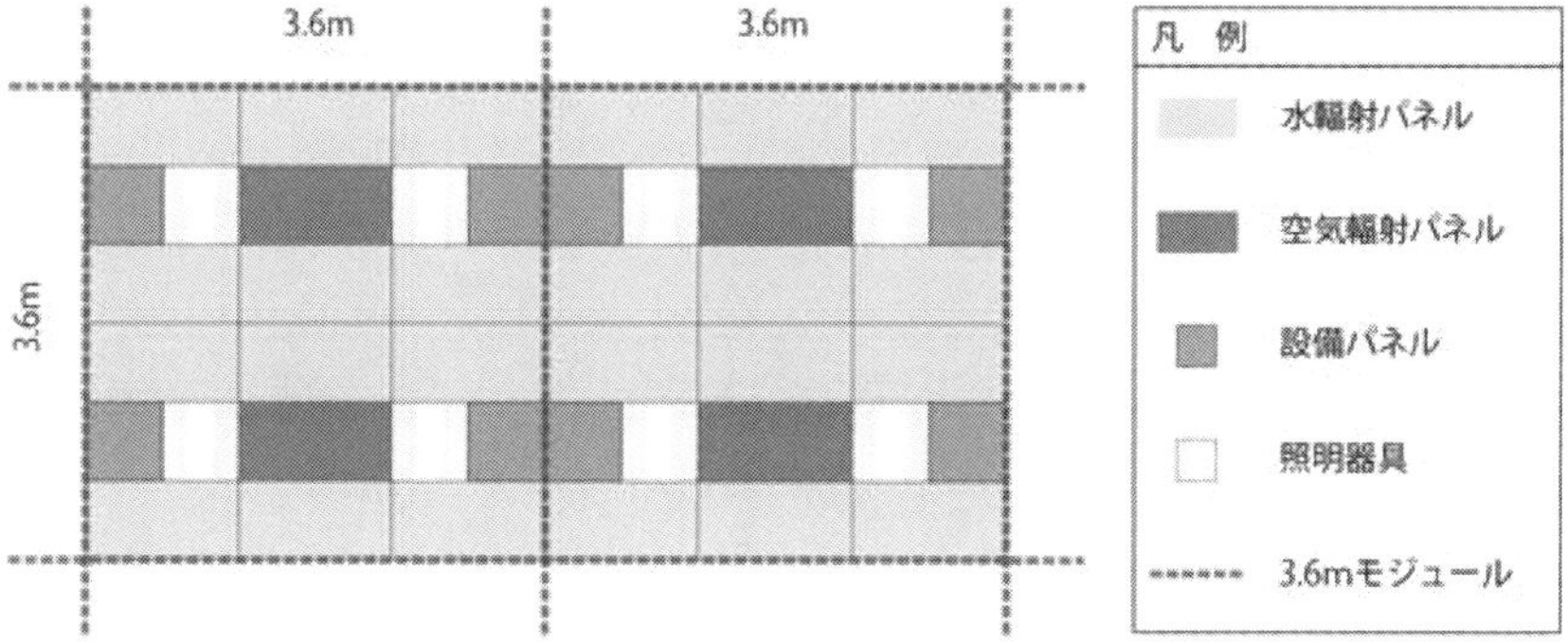

図2　輻射パネル配置図

写真　2種類の輻射パネルを組み込んだ天井面

するが、茅場町では新しい取り組みとして天井輻射パネルのモジュール化を図った。

天井輻射パネルは、一般的なオフィスに普及している3600㎜×3600㎜モジュールに用いる、600㎜角のグリッド型天井に対応できるように、輻射パネルは600㎜×1200㎜とした。水輻射パネルと空気輻射パネルの2種類のパネルはデザインを統一したので、天井面は平滑ですっきりとした仕上がりになっている（写真）。

今後、本格的にオフィスビルに展開していくうえで天井輻射パネルのモジュール化は欠かせない。量産体制もとりやすくなる。

■■■輻射空調をサポートする設備技術の数々

ハイブリッド輻射空調システムの特長を最大限に活かすため、さまざまな技術が組み込まれた。

熱源には、従来の空調よりもぬるめの冷水で稼働する高効率熱源システムを採用。大手町ビルで高成績を上げたフリークーリングも導入し、省エネで効率のいいシステムとなっている。フリークーリングとは熱源機を使わず、外気との熱交換だけで輻射空調用の冷水をつくる仕組み。輻射空調はぬるめの冷水でも冷房ができるため、フリークーリングが半年くらい使える。これまでの空調とは次元の違う省エネ手法といえよう。

日本で輻射空調を導入する上で欠かせない湿度コントロールは、除湿性に優れたデシカント外調機と省エネ性に優れた全熱交換器の2種類を組み合わせ、コストと省エネのバランスを図った。この組み合わせも茅場町グリーンビルディングが初の試みだ。

照明は輻射空調と相性がよく、省エネ効果の高いＬＥＤ照明とし、照度や色味を変えられる「知的照明システム」など、４タイプの照明システムを採用して効果を検証している。

■■■岩井コスモ証券が一括借り

茅場町グリーンビルディングは岩井コスモ証券が一括借りし、現在約２００人が勤務している。同社東京総務課の山田昌邦主事は「これまで輻射空調は体験したことがなく、ビル選定の必須条件でもなかったのですが、１年間体感してみて驚きました。実に快適です」と話す。

特に、従来の空調との違いがわかったのが夏。

「省エネ設定の28℃にしても設定温度より涼しく感じます。大阪本社では28℃設定にするとワーカーからクレームが入るのですが、このビルでは空調に対するクレームがほとんどありません。輻射空調は普通のエアコンより2℃くらい体感温度が低いというのは本当でした。お客さまにもこのビルは涼しいですね、といわれます」

また、ドラフト（気流）がほとんどないことや非常に静かなことも実感したという。「あまり静かなので、普通なら聞こえないような音まで聞こえるほどです。これだけ静かだと集中力が高まるように感じます」。

一方、冬の早朝は思ったより温度が上がらず、暖房を開始する時間を調整したそうだ。「調整後は問題ありません。新しい技術ですから、ベストの状態にするには調整作業や調整期間が必要ですね」と山田氏。

２０１４年７月で入居２年目に入ったが、「一度輻射空調の快適さを知ってしまうと、普通の空調ではいろいろ気になるところが出てきそうです。オフィスビルを選択する上で、輻射空調は付加価値になると実感しました。次に移転する際も、予算内で輻射空調のビルがあれば入居したいですね。輻射空調を装備したビルが今後どのくらい増えるか、賃料がどうなるか、その辺が気になります」と話す。

■■■エネルギーの「見える化」で省エネへの関心を高める

省エネにはハードだけでなく、テナント企業の協力や参加が欠かせない。そこで各フロアには、エネルギーの使用状況が一目でわかる大画面モニタを設置。この情報は、ワーカーのパソコンからＷＥＢページで閲覧・操作できる。リアルタイムでフロアごとの電力消費量や空調消費エネルギーがわかるほか、ワーカーが自由にアンケートに答える機能もある。また、季節や時間帯に応じた省エネメニューを示し、実施状況がランキング化されて表示される仕組みも設けられている。

エネルギーを「見える化」することで、ワーカーの省エネに対する関心が高まっただけでなく、モニタを見た来客から「ずいぶん環境に配慮したビルですね」といわれることもあるそうだ。

エネルギーの見える化は、テナントとビルオーナー双方にいい結果をもたらしている。後述のワーカーアンケートの回収率も約9割に達しているという。

■■■アンケート調査でも否定的な意見は1割以下

三菱地所グループは岩井コスモ証券の協力を得て、ワーカーにアンケート調査を実施している。その詳細が2014年9月の空気調和・衛生工学会大会で発表されているので一部を転載する。

〈アンケート調査概要〉

対象オフィスにおける執務者の環境評価を目的とし、2013年9月に夏期、2014年2月に冬期のアンケート調査を実施した。回答者の属性としては、いずれの実測期間も30～50代が多くを占めている。調査項目は、空調システムの運用方法が季節により異なることから、表1のような調査時期と項目で実施した。

温熱環境

温熱環境に関する結果を期間別に表したグラフを図3に示す。夏期では温度・湿度環境の不満率が20%未満であった。冬期の調査においては「温熱環境に関する自由記述欄」で足元が寒い、午前中が寒い、また空気がやや乾いているという意見も増えた。しかし、いずれの期間においても輻射空調システムについて「不快」「やや不快」と答えた人は10%未満であった。また、作業効率を「低下させ

表１　主な調査項目
出典／「躯体蓄熱併用型輻射空調システムを導入した次世代テナントオフィスビル～（第７報）実測調査その１：環境計測と執務者アンケート」

調査項目	調査時期
基本情報	
性別・年齢等	夏期・中間期・冬季
温熱環境	
温冷感・乾湿感・気流感	夏期・中間期・冬季
輻射空調方式に対する評価	
照明環境	
人感センサの満足度	
外光採り入れ	夏期・冬季
天井照明・共用部の明るさ感など	

ている」「やや低下させている」と回答した人も少なかった。これらのことから、輻射空調システムが対象執務空間の快適性・作業効率の向上に大きく寄与しているということがわかった（転載おわり）。

■■■室内の温度ムラが少ないことを実証

三菱地所グループでは、竣工後2年間にわたり産学共同で同ビルの環境測定をつづけている。その1年目の測定値が空気調和・衛生工学会大会で公表されている。

それによると、室内の水平温度分布は「夏期はペリメーターゾーンとインテリアゾーンの温度差が0・4℃程度と小さく、良好な環境」としている。また、「ペリメーターゾーンでは夏の日射しによる影響は見当たらない。冬期はペリメーターゾーンでインテリアゾーンに比べて1・4℃程度低い傾向にある」という測定結果になっている。

また、室内の水平温度の変動幅は最大でも2℃程度と小さく、インテリアゾーンの方が大きい傾向にあること

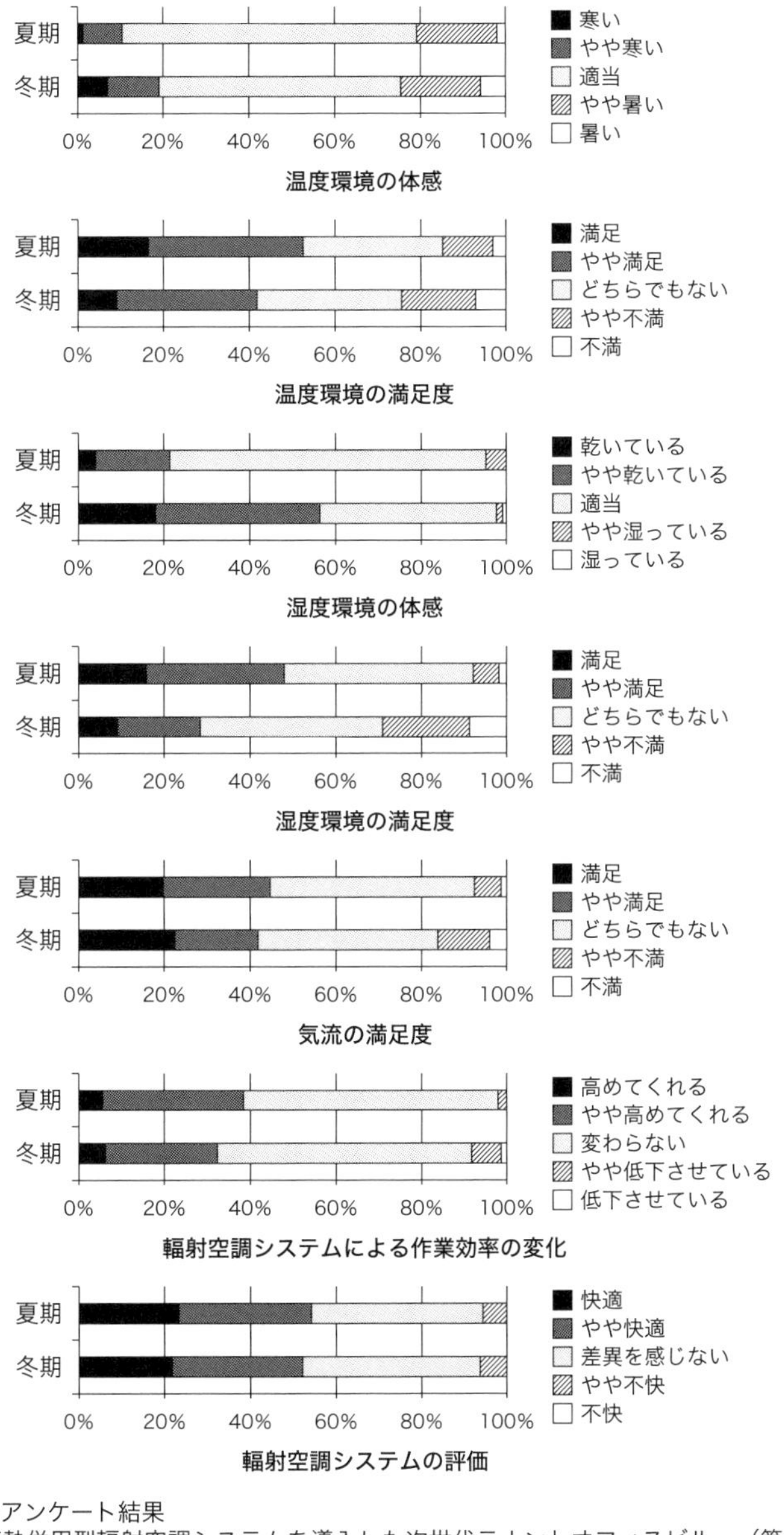

図３　ワーカーアンケート結果
出典／「躯体蓄熱併用型輻射空調システムを導入した次世代テナントオフィスビル～（第 7 報）実測調査その 1：環境計測と執務者アンケート」

がわかった。

一方、上下温度分布は、特に夏期の温度差が極めて少ないことが実証された。A、B、C3箇所の測定地点で、床面から天井近くまで5ポイントで測定。測定時間は0時から3時間毎に21時まで。各測定地点の夏の上下温度差はA地点1・5℃、B地点0・8℃、C地点0・7℃だった。

冬期は、ペリメーター部分に設置したA地点の上下温度差が4・8℃、インテリアゾーンに設置したB地点2・1℃、C地点2・0℃。夏期と比べてペリメーター部分の上下温度差が大きいが、「当フロアは冬期にペリメーター空調機による暖房運転を主体としているためと考えられる」と分析している。

茅場町グリーンビルディングにおけるオフィス環境の検証は、2年目も引き続き実施している。1年目の検証結果を踏まえ、「省エネと快適性の両立」を目指して2年目はさらに最適な環境にチューニングされるだろう。2年目の結果にも着目したい。

設計者に聞く――輻射空調の可能性と課題(2)

三菱地所設計　機械設備設計部長　佐々木邦治氏

「エコッツェリア」「大手町ビル」「茅場町グリーンビルディング」の設備設計を担当した三菱地所設計の佐々木邦治氏に、輻射空調の可能性と課題などについて聞いた。

――輻射空調の省エネ性をどう評価しますか

佐々木　従来の空調も進化していますが、省エネという面では限界に近づいてきました。しかし、放射（輻射）空調はまったく違うルートで省エネを達成する仕組みであり、従来の空調とはステージが違う。水を使うことによる搬送動力の大幅な削減、フリークーリングに代表される熱源の高効率化、井水や外気、地中熱などの自然エネルギーの活用など、これまでの空調に採用しづらかった省エネ技術が可能になるという点で高く評価しています。

――輻射空調の効果は？

佐々木　体感した方が皆さん指摘しているように、不快な気流や温度ムラ、騒音が少なく、より快適な環境をつくり出せること。こうした特長はある程度予想していましたが、静寂性については、我々の予想以上にワーカーの評価が高くて驚いています。また、室内の上下の温度差も極めて少ない。測定結果はこれまでの空調では考えられないものでした。

――ここ数年、輻射空調への関心が高まっている理由は？

佐々木　コストの問題は別として、技術的、制度的な条件が整ってきたことが大きいと思います。たとえば、技術面では、高温多湿の日本では除湿技術が輻射導入の課題でしたが、デシカント空調機の登場で除湿の問題がクリアされた。

制度面では、健康増進法で分煙が一般化し、必要な循環空気量が大幅に削減できるようになったことがあります。この法律が出来る前は、浮遊粉塵の基準をクリアするために1㎡当たり15㎥/hくらいの循環空気量が必要でした。これは空調ができてしまうくらいの量。輻射空調はそんな大量の循環空気量は必要ありません。分煙が定着して、必要な循環空気量を減らしても空気の質が保てるようになったので、輻射空調を採用しやすくなりました。

さらに、さまざまな建築・設備技術の進化で空調負荷が削減されたことも大きいですね。輻射空調は穏やかで心地よいのですが、パワーが足りない。しかし、発熱量が少ないLED照明が一般化し、OA機器の排熱も減った。外装や窓も高性能化して建物からの熱負荷も削減されました。そうした条件が重なって輻射空調を導入しやすくなっています。

――「エコッツェリア」「大手町ビル」「茅場町グリーンビルディング」の設備設計のポイントと実証データから得た知見を

佐々木　「エコッツェリア」では、まず、日本の気候での輻射空調の実現と特徴の把握に注力しました。実際に運用して、水の搬送効率の良さをデータで確認できました。外気を取り入れることを含めても40%くらいの搬送エネルギー削減が実現できました。

「大手町ビル」ではスイスのバコール・エア社の技術を導入し、輻射空調と躯体蓄熱と組み合わせたことがポイントです。躯体蓄熱を採用したことで、朝出勤したとき、むっと熱気がこもったような不快感がなく、大変快適な放射（輻射）環境になりました。このシステムは水を回しておくだけですから設備容量も少なく、夜間の電力も使えます。東日本大震災以降、電力のピークカットが重要な課題になっていますが、そうした社会的要請にも対応できます。

また、輻射空調とフリークーリングの相性の良さも確認できました。従来の空調では12月から3月中旬くらいしか使えません。しかし、輻射はぬるめの冷水でもいいので、10月から4月いっぱいくらいまで7カ月近く、フリークーリングで電力の削減が可能です。これに躯体蓄熱を組み合わせると夜間も自然エネルギーを使える。「使える自然エネルギーの幅も省エネ技術の幅も広がった」という意味で大きな可能性を感じています。

「茅場町グリーンビルディング」ではこれらに加えて自然換気システムを取り入れました。2層分の高低差7ｍを利用した重力自然換気システムです。もうひとつは輻射天井パネルのモジュール化を進めたこと。一般のオフィスに使えるように600㎜×1200㎜になっています。意匠的にも綺麗に納まりました。また、技術的には除湿に2種類の外気処理システムを使ったことも特徴です。

ソフト面では、テナント企業さんをはじめ関係者の皆さんに輻射空調の仕組みやメリット、調整の要旨などをできるだけわかりやすく説明しながら進めてきました。

――今後、大規模ビルに採用する場合、どんな進化をしていくのでしょう。

佐々木　ビルの特性に合わせて設備設計は変わります。オールマイティーな方法はない。それが建築の単品生産性です。ひとつひとつベストな方法を模索していくことになるでしょう。ただ、コアの技術は継承していきます。たとえば、茅場町で採用した輻射パネルのモジュールは、おそらくスタンダードとしてつづくでしょう。

――輻射空調普及の可能性と課題は？

佐々木　「快適性と省エネの両立」を実現できる空調ですから、ぜひ普及してほしいし、もう少しイニシャルコストが下がれば普及すると思います。先ほど申し上げたように、今は技術面や制度面で追い風が吹いています。

ただ、日本のオフィスビルはずっとセントラル空調とパッケージ空調で進んできました。これらが「熟年」ならば、輻射空調はまだ前途有望な「少年」。施工や制御の仕方ひとつとっても慣れていません。皆で立派な大人になるように大切に育てていく段階です。「技術」と「使いこなすためのソフト」、この両方をバランスよく育てていく必要があります。

――「イニシャルコストが課題だ」とよく聞きます。

佐々木　たしかに現状では経済性が課題です。ただ、パッケージ空調が普及して価格が下がったように、輻射空調も普及すれば価格は下がる。輻射空調が普及しているヨーロッパではすでに商業ベースに乗っています。今はまず、輻射空調の快適性や省エネ性を多くの人に知ってもらうことが必要です。

コラム10

〈ご近所さん輻射暖房〉

厳寒の北海道でほとんど暖房器具を使わずに生活している人がいる。

この方の住まいは11階建ての鉄筋コンクリートのマンション、4階の中住戸で南向き。もちろん北海道だから2重窓は当然である。

ここまで読んでピンときた方は、相当にこの本を読み込まれている方だろう。

そう、両側と上下階の住人が寒がり屋で、ガンガン暖房するのだそうだ。両側と上下階の暖房の熱が躯体に蓄熱され、自宅をさほど暖房しなくても、その輻射熱で夜も暖かいらしい。名付けて「ご近所さん輻射暖房」。

実は筆者にも同じような経験がある。

以前、住んでいたマンションでの話。下の階のご家族がやはり寒さに弱く、一日中暖房を欠かさない。そのためか、夜も床がほのかに暖かく、我が家に泊った友人に「このマンション、床暖房なの?」と聞かれたことがあった。

外断熱の建物ならば、さらにその効果は高いはず。ご近所さん頼りの究極の省エネ生活が実現しそうだ。

図書室に天井輻射空調を導入し、集中できる静謐な空間に

日本大学法学部図書館

〈建物概要〉

所在地／東京都千代田区

規模／地下２階地上７階建て

構造／鉄骨鉄筋コンクリート造（一部鉄骨造）

敷地面積／ 1,955㎡

延床面積／ 10,154㎡

設計・監理／石本建築事務所

施工／西松・大木建設共同企業体

竣工／ 2004 年７月

備考／天井輻射空調は３～６階の図書室と
２階メディアセンター、７階演習室に設置
総設備面積は 4,385㎡

〈天井輻射採用部分の主要設備概要〉

熱源／冷温水発生機（冷温水同時取出型）

空調／天井輻射パネル（パネル敷設面積 3,544㎡）＋空調機
結露対策：過冷却再熱（給気露点温度制御）
結露センサーによる強制停止機能あり

■■■輻射空調の快適性と静寂性から図書館に採用

２００４年７月に完成した日本大学法学部図書館は、学生たちの本の閲覧や自習の場としてだけでなく、情報発信拠点や交流の場としての機能も備えている。地下２階地上７階建ての建物のうち、２階のメディア教育センター、３～６階の図書室、７階の演習室など４３８５㎡に天井輻射空調が導入された。

静かで集中できる環境づくりには静寂で快適な輻射空調が適しており、省エネルギー効果も期待できる。設計を担当した石本建築事務所は輻射空調の導入に当たり、輻射空調の特性や機能、安全性（漏水、結露等）だけでなく、ライフサイクルコストも含めたコストシミュレーションなども示して大学側に提案したという。

なお、主として換気や湿度調整のため、空調も併用している。

■■■ボイドスラブ内に温風を通し、躯体に蓄熱

天井輻射空調システムを入れた基準階フロアには、大スパン・大積載荷重を可能にするボイドスラブが採用されている。ボイドスラブは、鉄筋コンクリート造スラブの内部に計画的に中空部（ボイド）を設けた軽量かつ剛性の高いスラブで、小梁のない大型スラブ構造が可能になる。

特筆すべき点は、ボイドを空調用ダクトとして利用したことだ。こうした手法と天井輻射パネルの採用によって、天井のふところが大幅に削減され、３２００㎜の天井高を確保することができた。

また、ボイドスラブを通る温風が躯体を温めるため、躯体蓄熱効果も期待できるという。まさに一石二鳥のアイディアといえよう。躯体蓄熱効果も活かして輻射パネルへの送水温度を当初設定より下げて省エ

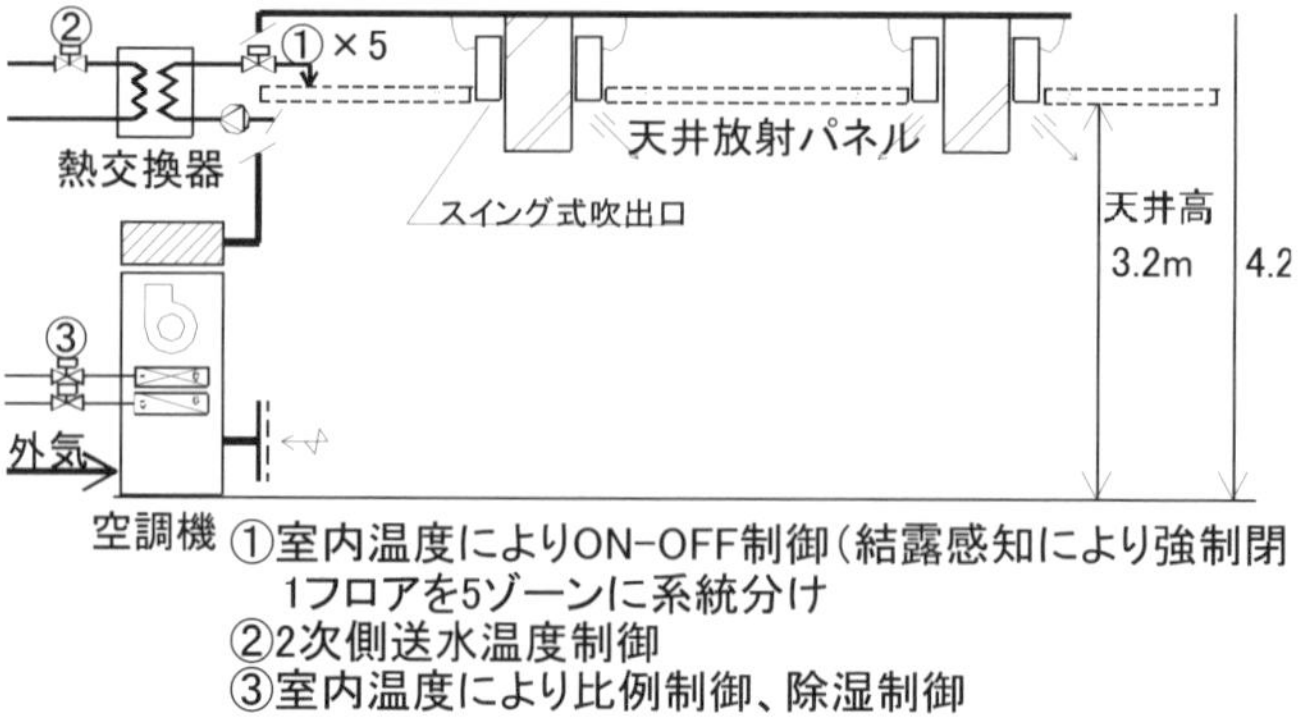

図1　空調システム図

写真　輻射空調を採用した図書室

ネルギーを図るとともに、快適性の確保や立ち上がり時間の短縮を実現している。

外観にも輻射空調の特性を活かす工夫がある。

輻射空調は直射日光などの急激な負荷の変化に対応しにくい。そのため、建物の外壁には直射日光を遮る角度に固定した縦型ルーバーが設置されている。市街地に立地することや静寂性を優先する図書館という特性から、開閉機能のない嵌め殺し窓にし、窓ガラスは遮熱効果の高いＬｏｗ－Ｅガラスを採用している。

■■■輻射空調に「ゆらぎ」を加える

輻射空調システムは、中央熱源の冷温水を熱交換器を介して設定温度で天井輻射パネルに送水し、パネルを冷やして（温めて）冷暖房を行う仕組み。輻射パネルは、パンチング加工された鋼板の裏側にポリプロピレンの細管チューブを巡らしている。室内の温度制御はこの輻射パネル系統の冷温水2方弁のオン・オフで行っている（図1）。

天井面は非常にすっきりとしている（写真）。これは天井輻射パネルを固定している１００㎜の枠内に、照明器具を取り付けるライティングレールや感知器、スピーカー、吹出し口などの設備機器がすべて納まっているため。こうした工夫で輻射パネルの敷設率も高まった。

空調や換気用の吹出し口にも独自の工夫がある。吹出し口の奥に羽根車が取り付けられている。羽根車が給気の力を利用して自力でまわることで、いろいろな方向にふわりとした微気流を起こすようになっている。

表１　パネル送水温度別

パネル送水温度	32℃	28℃	26℃
ガス消費量（㎥／日）	413 (100%)	350 (85%)	284 (69%)
冷温水消費量（MJ／日）	16,425 (100%)	12,854 (78%)	11,392 (69%)
消費電力量（kWh／日）	4,401 (100%)	4,519 (103%)	4,556 (104%)

「輻射空調はほとんど気流がないことが特長です。しかし、長時間滞在する空間には、若干の空気のゆらぎがあったほうが快適ではないかということで、自力式のスイング式吹出し口を開発しました。室内の温熱環境を実測しましたが、天井放射（輻射）冷暖房とスイング式吹出しを組み合わせた場合がもっとも温度分布が均一になることが確認できました」（石本建築事務所プロジェクト推進室 寺島聡次長）

■■■施設稼働後も微調整を繰り返し、さらに省エネルギーに

石本建築事務所では、竣工後数年間にわたって運用状況をフォローしている。夏期、冬期で実測したところ、天井輻射空調の実際の性能が計算上の数値より高いことが明らかになった。

「冬は当初の設定より水温をもっと低く、夏はもっと高くしても快適な環境が維持できることがわかりました。そこで、送水の設定温度などを変更しながら最適値を検証しました。最適値に調整することで、エネルギー消費量をさらに削減できました」（寺島次長）

当初は、冬期の天井輻射パネルへの送水温度を32℃に設定していたそうだ。しかし、朝の立ち上がり時の1～2時間程度で設定室温に達してしまい、運転時間が短いことがわかった。そこで輻射空調をフル活用する最適な方法を探るため、パネルへの送水温度を28℃、26℃に下げてそれぞれ実測している。

その結果、26℃に設定すると一日を通して天井輻射パネルが運転されることがわかった。ポンプ動力は多少増えるが、ガス消費量が大幅に減る（表1）。そのため、全体としてはエネルギー消費量が減ることが確認された。

２００６年4月からは送水温度を26℃、設定室温を22℃から22・5℃、立ち上がり時間を2時間から3時間（週明けのみ）として省エネ運転を図っている。この変更によって室内の快適性が損なわれることはなかったという。

夏期の冷房時も送水温度を16℃から18～20℃に変更し、室内の設定温度を25・5℃から26・5℃に、立ち上がり時間を2時間から1時間に変更。こうした調整により、快適性を保ちながら省エネ効果を高めている。

この結果、年間のガス消費量は２００５年度を１００％とした場合、２００６年度は86％、２００７年度は77％まで削減された。

このケースでわかるように、天井輻射空調を上手に使いこなすには送水温度や室温などの最適な設定値がどの辺なのか、実測しながら検証していくことが重要なポイントといえよう。

■■■測定値からも輻射空調の快適性を確認

図書館の開館時間は午前9時から午後10時。実測した結果、開館時間には設定温度どおりの数値になり、その後も安定した室温を保っている。また、冬期、夏期ともに開館中のＰＭＶ値（Predicted Mean Vote：快適性を表す指標。温熱環境を-3から+3の7段階で評価し、数値が0に近いほど中立〈快適〉と

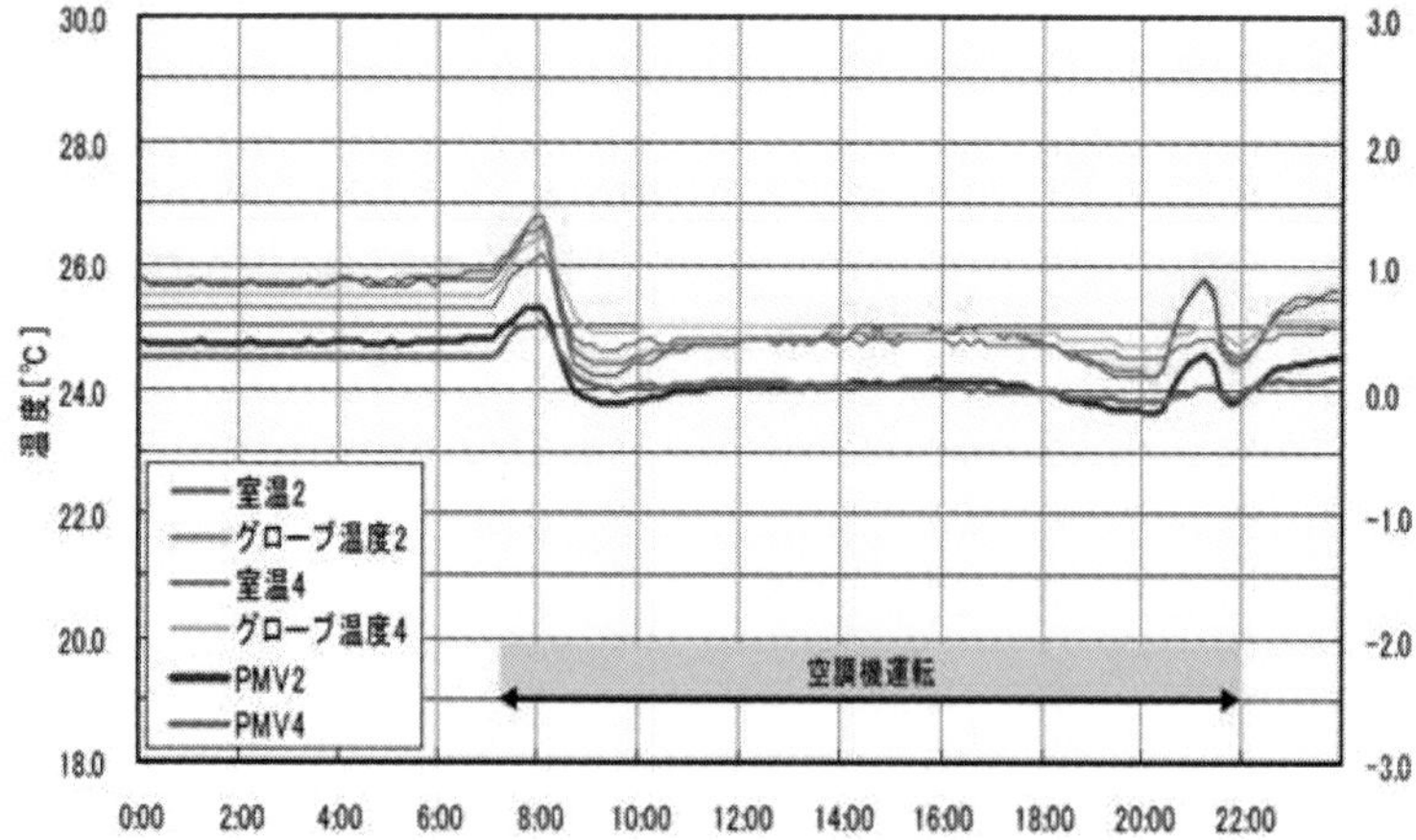

図２　完成後測定結果（夏期）　室温と PMV の推移

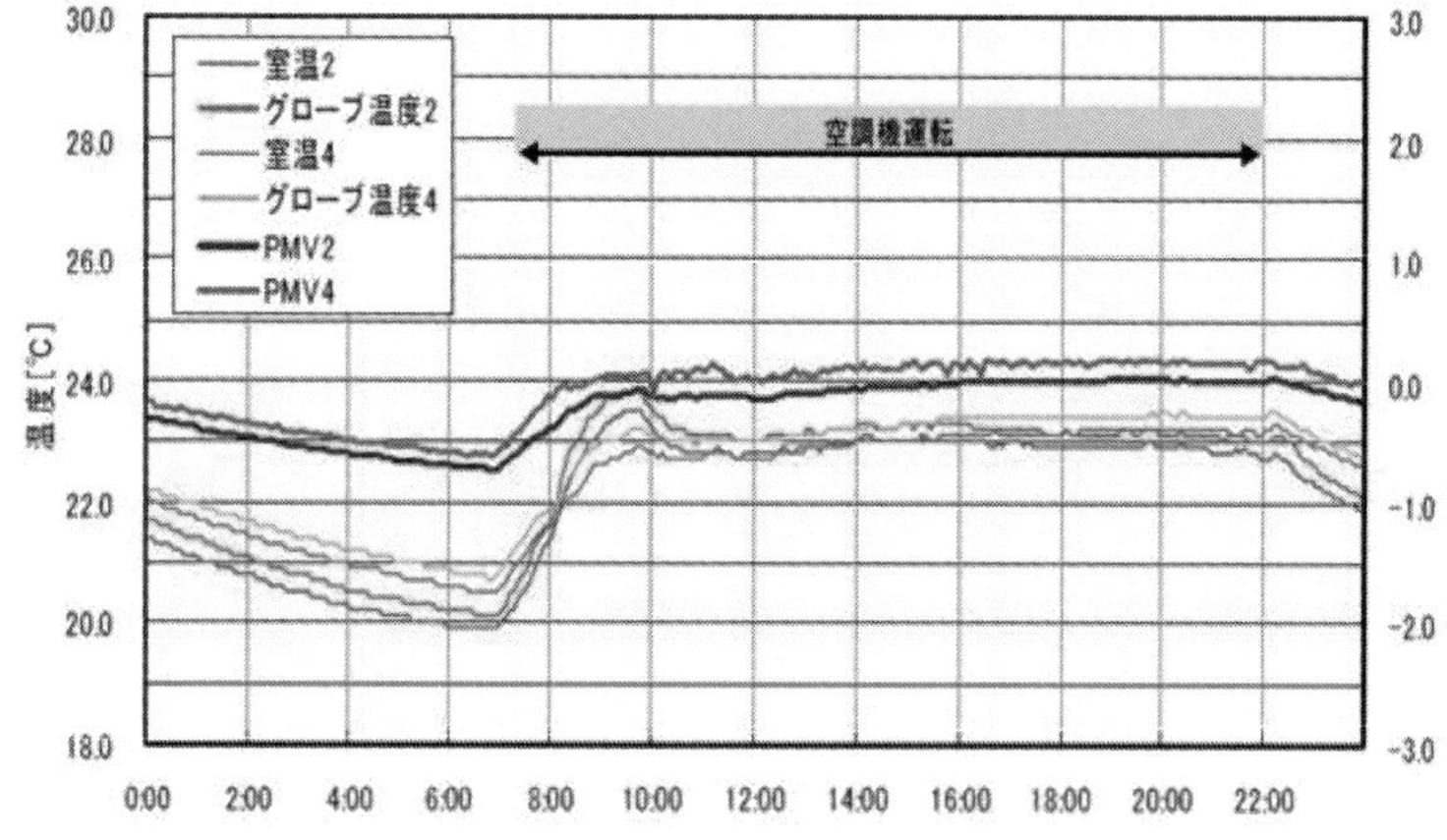

図３　完成後測定結果（冬期）　室温と PMV の推移

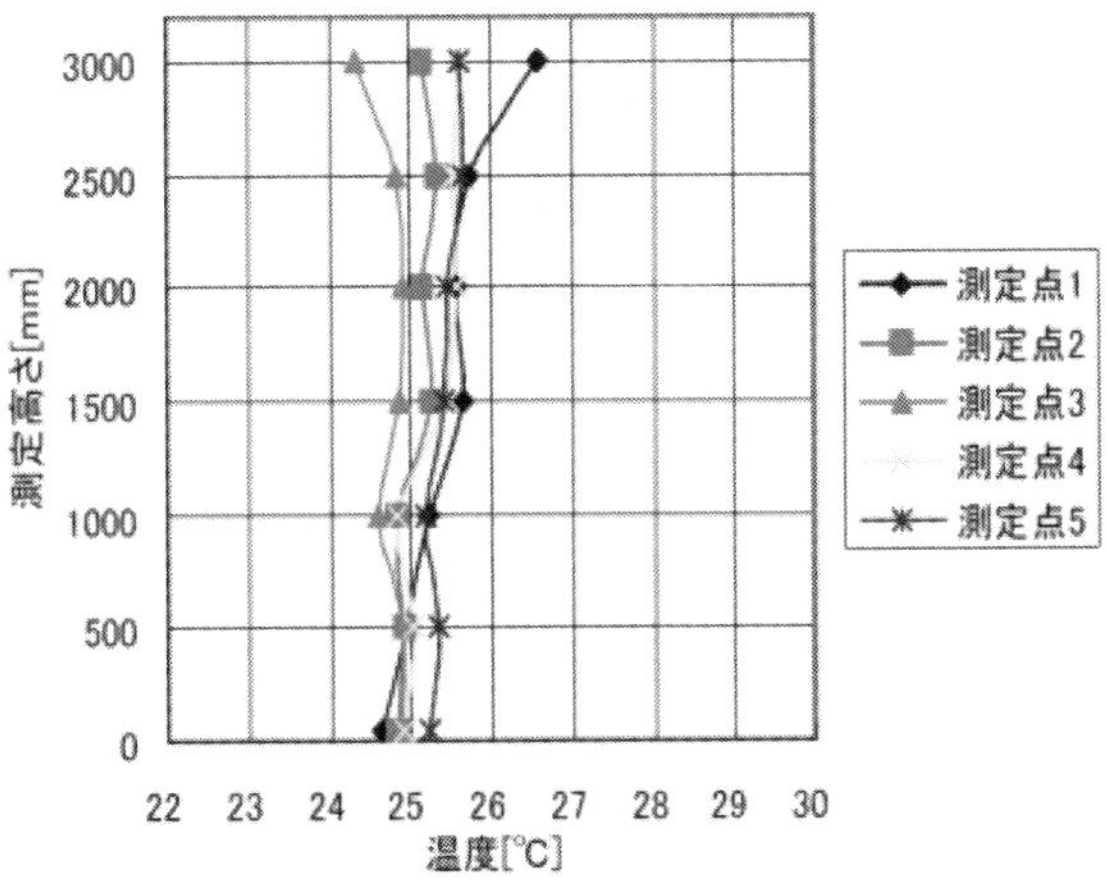

図４　完成後測定結果（夏期）垂直分布

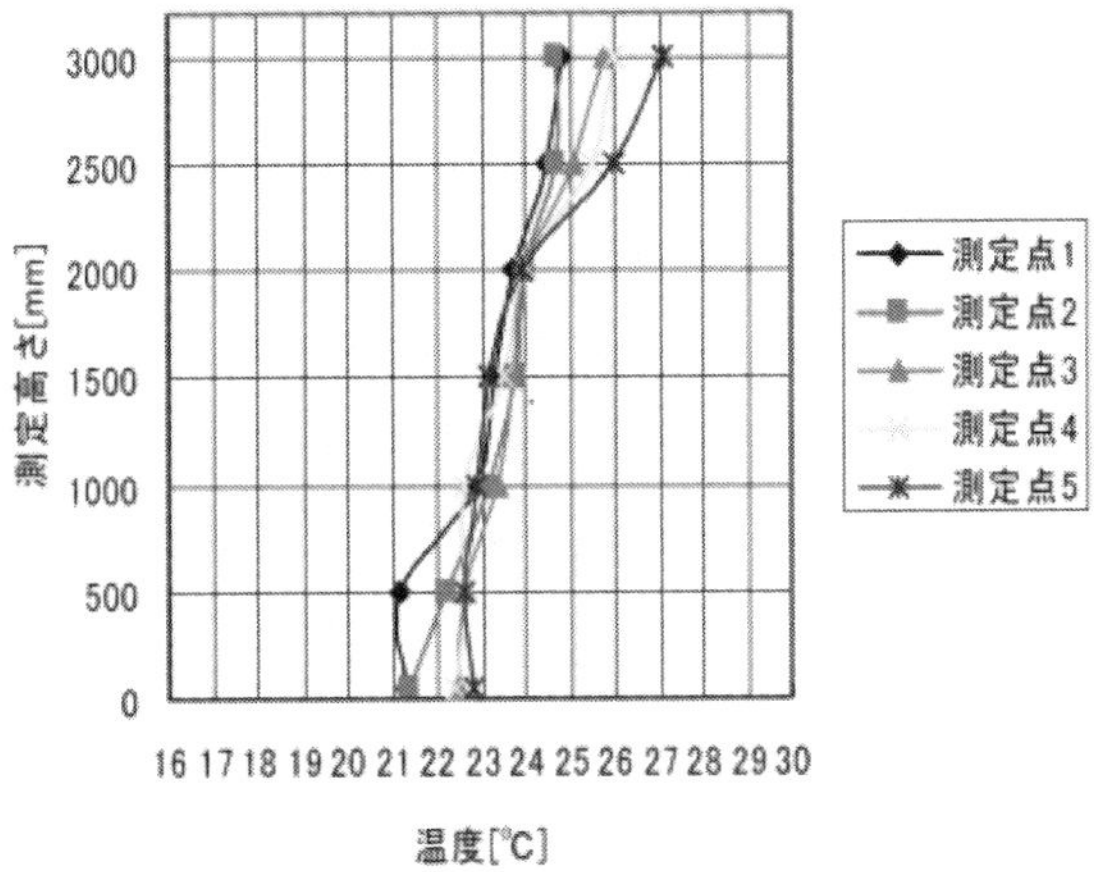

図５　完成後測定結果（冬期）垂直分布

される）も快適範囲の±0・5以内だった（図2、図3）。
室内の垂直温度分布の実測値も居住域の温度差が少なく、当初の狙いどおり快適な環境をつくり出す空調システムであることが実証されている（図4、図5）。

設計者に聞く――輻射空調の可能性と課題⑶

㈱石本建築事務所　プロジェクト推進室環境設備部長 山尾秀美氏、次長 寺島聡氏

日大法学部図書館の設備設計を担当した石本建築事務所の山尾秀美氏と寺島聡氏に、輻射空調の可能性と課題について聞いた。石本建築事務所は、他社に先駆けて輻射空調を積極的に取り入れている設計事務所である。

――輻射空調に着目されたきっかけは？

寺島　2001年にドイツを旅行したとき、ベルリンで地元のメーカーに輻射空調のビルを案内してもらったのがきっかけです。環境先進国のドイツでは、放射冷暖房（以下、輻射空調と記す）が高く評価されており、8割くらいのビルに採用されていることを知りました。ちょうど日大法学部図書館の設計にかかっている頃で、図書館には最適な空調ではないかと思い、機能性やコストなどを研究したうえでご提案しました。

――輻射空調採用の決め手は？

寺島　4つあります。第1は静寂性。通常の空調のような送風機騒音がありません。第2は快適性。冷房時のドラフトや冷房病の心配が少なく、暖房時も足元が冷えにくい。第3は天井高の確保。天井のダクトスペースが大幅に削減できます。第4は省エネ効果。輻射は設定温度を1～2℃緩めにしても同じくらいの温熱感が得られます。

――随所に独自の工夫をされていますね

寺島　ええ。天井面の納まりを考えて、2・3m角のパネルとパネルの100㎜の間隙に天井面に設置すべき設備機器をすべて納めました。照明器具はライティングレールに自由に吊り下げることができます。スイング式吹出し口も独自に開発したものです。輻射空調自体はほとんど気流がないので、長時間滞在すると若干物足りなさを感じます。そこで空気のゆらぎを感じる程度の気流を加えたのです。これは立正大学メディアセンターの輻射空調にも採用しています。

また、空気はボイドスラブを介して供給されます。ボイドスラブをダクトに使うことで天井が高くとれました。

――輻射空調は想定どおりの効果をあげていますか

寺島　新しい技術を導入した際は必ず効果を実測していますが、実測結果は大変良好でトラブルもありません。天井輻射パネルは製品仕様に示す数値以上の性能が出ています。
室内の温度差（上下、水平）も実測しましたが、室内の温度ムラは上下分布、水平分布ともに少なく、室温も安定しています。冬も頭寒足熱の状態になりました。これは輻射の効果だと思います。
また、快適性を示すＰＭＶ値も±1以内に納まっていますので、「利用者から不満が出にくい環境」といっていいでしょう。

――輻射空調を導入・運用する際の留意点は？

寺島　導入する際の留意点は輻射空調に適した用途を選ぶことと、建物の断熱・遮熱性を高め、日射などの外乱要因を少なくすることです。
運用面では、建物によって送水温度や室温などの最適な設定値が異なるので、最適運用には検証が必要です。この建物も実測結果に基づいて調整することで、エネルギー消費量をほぼ毎年下げることができました。

――輻射空調の普及可能性をどう捉えていますか

山尾　イニシャルコストなどの課題はありますが、普及可能性は十分にあると思います。「放射（輻射）」を使った空調にはさまざまなタイプがあります。水を使った天井輻射空調以外にも空気を使った天井輻射もあり、当社のビルの設計フロアにも空気式の天井輻射空調を入れて検証しています。
また、帝京大学医学部附属病院の特別病棟には、メーカーさんと共同開発した個別制御ができる天井輻射ユニットを入れました。このシステムはつい最近特許をとったもので、冷房から暖房まで無段階に設定できるシステムです。病院の特別病棟やホテルのスウィートルーム、企業の役員室など、最上の環境が求められる空間には最適な空調ではないかと思います。

トヨックスさん、ササクラさん、ピーエス暖房機さんといった輻射空調のメーカーさんも新製品の開発や改良、コストダウンに注力されているので、さらなる進化に期待したいですね。

長時間にわたる透析治療だから、心身ともにストレスの少ない空調を

かもめ・みなとみらいクリニック

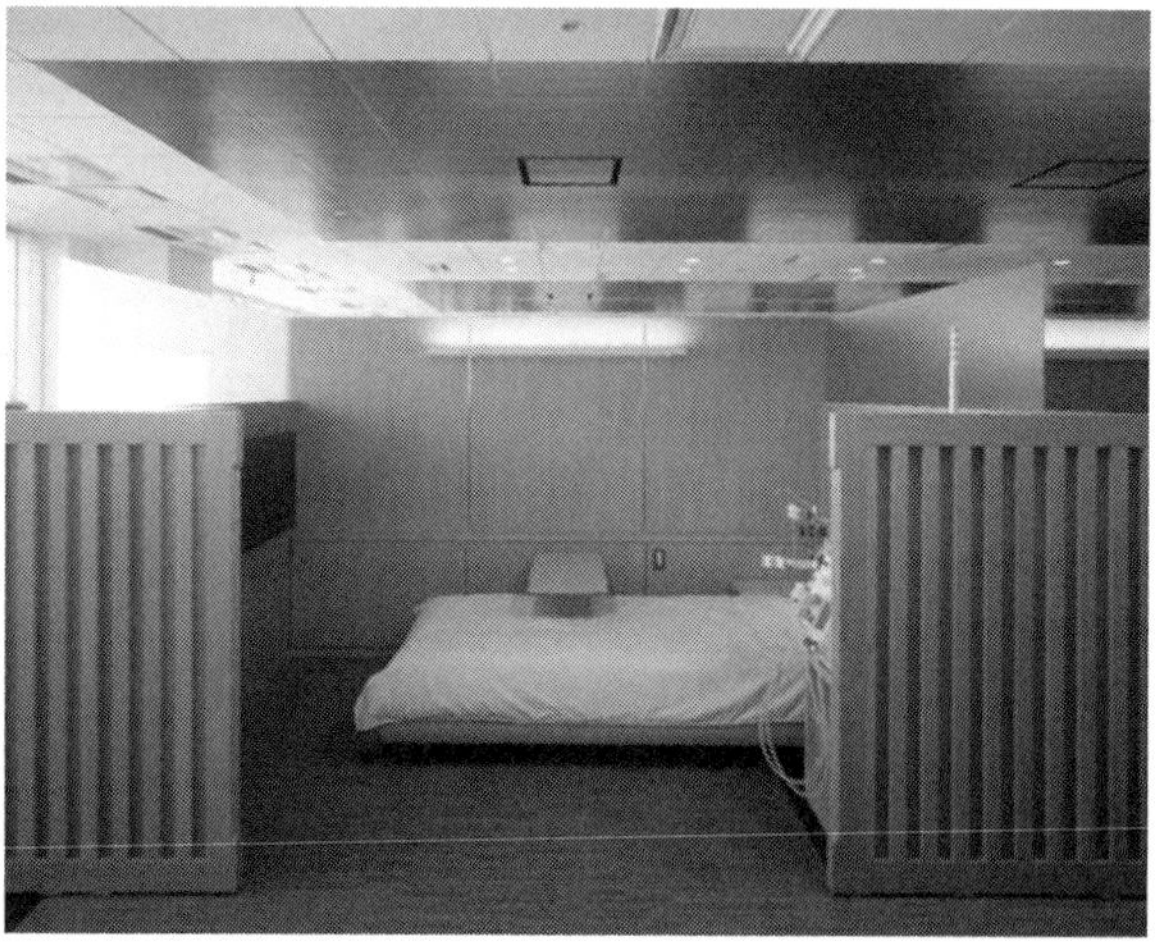

プライバシーと快適な輻射空調を備えた透析室

〈建物概要〉

所在地／神奈川県横浜市

規模／階地上 16 階建て

構造／鉄骨造

敷地面積／ 6,825㎡

延床面積／ 5,1979㎡

竣工／ 2007 年 12 月

〈透析施設概要〉

開院年月／ 2008 年 8 月

延床面積／約 900㎡

輻射面積／約 510㎡

意匠設計／サムコンセプトデザイン一級建築事務所

設備設計／テーテンス事務所

輻射パネル／トヨックス

熱源／地域冷暖房

空調／天井輻射冷房＋ VAV 方式

最高の環境を備えた透析施設を実現

神奈川県横浜市のＭＭパークビル内にある「かもめ・みなとみらいクリニック」は、人工透析治療の施設として２００８年に開院した。施設を運営する医療法人・かもめクリニックの金田浩理事長は、長時間透析と限定自由食による治療を提唱・実践する透析治療の第一人者である。

この透析治療法は6時間以上かかる。同クリニックでは透析中の患者のストレスを減らすため、天井輻射冷房を導入。さらにプライバシーを守るため、落ち着いたインテリアの個室方式にし、ホテル仕様のベッドにしている。

当時はまだ天井輻射冷房を導入した透析施設は全国でも珍しく、初期投資もかかったが、金田理事長は導入に踏み切った理由と効果を次のように語る。

「患者さんの不満のトップは常にエアコンです。天井輻射冷房を導入したことで、空調に対する苦情が激減しました。患者さんのことを考えると、この設備は外せないのです」

透析患者の改善要望のトップが冷暖房

金田理事長の言葉を裏付ける調査結果がある。

当時、一般社団法人全国腎臓病協議会が全国の透析患者に実施したアンケート調査（２００６年）によれば、透析中の改善要望のトップが「冷暖房」であり、全体の40％が不満を訴えている。次いで「プライバシーに関すること」23％、「病院スタッフとの人間関係」16％、「騒音・雑音」９％。

空調に対する不満の内容は、冷房に関しては「寒すぎる」43％がもっとも多く、「冷房の風が当たる」

30％、「暑すぎる」11％、「身体の一部だけが寒い」10％の順。一方、暖房に関しては、「寒すぎる」34％、「身体の一部だけが寒い」23％、「暑すぎる」23％、「暖房の風が当たる」15％の順。

また、全体の85％が「ベッドの位置など、透析を受ける場所によって快適さに違いがある」としており、具体的には「空調の位置」や「吹出し口の位置」を挙げている。

天井輻射冷房はこうした不満のほとんどを解消できる。

冷風や温風を吹き付ける対流式のエアコンと違い、同クリニックの天井輻射冷房は、冷却された天井パネルが体表面から穏やかに熱を奪う仕組み。気流がほとんどないため、手足だけが冷えすぎたり、冷房の風が当たるところが冷えて辛いといったことがない。

また、室内の温度ムラや運転音もほとんどなく、気流によって埃を舞い上げることもないため、クリーンで快適な環境が実現できる。

金田理事長が提唱する治療法と快適な環境は透析患者の支持を集め、待機患者も出ているという。

■■■天井パネルはインテリアの意匠に合わせた仕上げ

同クリニックに採用した天井輻射空調パネルは、オフィスビルの主流である600㎜角のシステム天井に合わせてつくられたもの。ホテルのようなインテリアに合わせた暖かみのある天井面にするため、ダイノックシート仕上げにしている。

熱源にはみなとみらい地区の地域冷暖房を用いており、天井輻射空調用の熱源は設置していない。除湿や加湿については、ビルに装備されていた既存の空調機（VAV方式）を活用している。透析機器などからの発熱量が多いため、天井輻射パネルは冷房専用である。

オフィスビル内のクリニックという制約のなかで最高の治療環境を実現した原動力は、第1に、金田理事長の患者を思う心と先見の明である。第2に、日本の輻射空調の歴史をつくってきたテーテンス事務所の故・葉山成三氏と、その技術を継承した村瀬豊副所長の技術力と情熱であろう。さらに、意匠性に優れた空間を創造したサムコンセプトデザイン一級建築事務所の泉俊哉代表取締役の果たした役割も大きい。

かもめ・みなとみらいクリニックには開院以来多くの見学者が訪れている。今ではその良さが病院関係者や患者に伝わり、透析施設のニュースタンダードとして、全国の先進的な施設に天井輻射空調が取り入れられている。

コラム11

〈南極の太陽〉

これは日本の南極観測隊員が昭和基地で体験した実話である。マイナス45℃の猛吹雪がつづくなか、わずか1時間あまり地平線に太陽が出ることがある。そんなときは全隊員が基地の外に出て、太陽に向かって思わず手を合わせるという。防寒帽からわずかに出た顔の表面に太陽のぬくもりを感じ、天の恵みに涙する隊員もいるそうだ。

太陽の輻射熱は、約1億5000万キロの彼方から地球上のあらゆる場所に届き、地表の動植物を温める。普段は当たり前のことと思っているが、南極という極寒の地にあって太陽の輻射熱を頬に感じたとき、そのありがたさ、不思議さ、素晴らしさを改めて実感し、感謝の気持ちが自然に沸いてくるそうだ。

この話を聞いた翌朝、朝陽に顔を向け、太陽の輻射熱を格別なものとして味わった。

第5章

ここが知りたい！　Q&A

輻射空調に関してよくある質問をまとめた。回答については輻射空調メーカーのトヨックスにご協力いただいた。

Q1　輻射空調はどんな用途に最適か

輻射冷暖房の最大の特長は「省エネ」「快適性」「健康性」です。こうした特長から、最適な用途としてはオフィスビル、医療機関、福祉施設、教育・研究機関、図書館などが挙げられます。

オフィスビルはZEB（ゼロ・エネルギー・ビル）化を目指しており、今後、ますます省エネが必須条件になるでしょう。知的生産性の向上を目指すためにも、ワーカーにとって快適かつ集中できる環境が求められるものと思われます。

医療機関や福祉施設は体の弱い方が長時間滞在するため、輻射空調のように穏やかで不快な気流がほとんどなく、身体に優しい空調が向いています。

教育・研究機関や図書館では、輻射空調の静かさや快適性が集中力を高めるのに役立ちます。

Q2　輻射空調に向いていない用途は？

サーバー室、機械室など、熱負荷の高いスペースには向きません。

また、天井が高い体育館や劇場ホールなどは天井輻射パネルの輻射効果が減少するため、採用には十分な検討が必要です。たとえば、同じ照明器具を天井に設置しても、天井の高さによって室内の明るさが変わるように、天井輻射パネルも天井の高さによって輻射効果が変わるからです。ちなみにトヨックスが施工した最高天井高は大学の大教室に採用された３４００㎜です。

入り口や窓を長時間開放しているロビーやエントランス、駅のホームなども湿度管理が難しく、パネル表面に結露が発生する可能性が高いため、輻射空調には向きません。

同様に、一般住宅などで外壁部やサッシ窓の断熱性能が低い場合や、外気流入を制御できない場合は、外部負荷変動の影響を受けやすいため輻射空調には適しません。

Q３　天井から水漏れすることはないか

漏水の心配はありません。少なくともトヨックスでは約17年前から輻射空調を施工しており、国内の施工物件は71件になりますが、現在まで漏水事故は全く起こっていません。

漏水事故がないように配管設計は十分に検討されており、配管材も腐食や強度に鑑みた樹脂を主体とした材質を選定しています。継手とホースの配管接続方法も、漏水が起こらないような特殊な工夫を重ねています。さらに施工者への教育制度を設けたり、ご要望に応じて施工での配管の耐圧・気密検査の指導や立会検査を行ったりすることで万全を期しています。

なお、トヨックスは樹脂ホースと継手の専門メーカーとして50年以上の経験とノウハウの蓄積があり、輻射空調にもその最新技術が活かされています。

Q4　天井輻射パネルの地震対策は？

トヨックスの例をとりますと、天井輻射パネルに落下防止用の4点吊りワイヤーを取り付けています。ですから、万が一パネルが天井フレームから外れても頭上に落下することはありません。また、大手ゼネコンが所有する国内最大級の振動試験機（東日本大震災レベルを再現可能）を使った実証実験で安全性を確認しています。より一層安全性を高めるため、パネルの軽量化や安全金具の開発も進めています。

Q5　冷房時に天井パネルに結露しないか

室内空気の露点（結露が始まる温度）を管理することで結露を防止することができます。輻射パネルで露点の制御はできないので、通常は露点制御機能をもった空調機で対応しています。

湿度の高いときに窓を開放しつづけたり、短時間に在室人員が急増したりすると露点を管理できなくなり、結露する可能性があります。

そうした場合の備えとして、結露センサー付き輻射パネルの設置を推奨しています。これはパネル表面の結露（パネル表面がうっすらと曇るような状態）を感知すると輻射パネルへの送水を強制停止する仕組みです。

Q6　輻射空調の立ち上りまでの時間は？

室内の条件にもよりますが、概ね30〜40分程度で、60分あれば十分です。今までの輻射空調方式より立ち上がり時間はかなり短縮されています。実際の運用ではタイマーなどで事前運転します。

また、輻射空調と躯体蓄熱システムを組み合わせ、立ち上がり時の省エネルギーを図るとともに、始業時から快適な室内環境を実現したケース（第4章　茅場町グリーンビルディング参照）もあります。

なお、立ち上り時間短縮のポイントは輻射パネルの高能力化です。トヨックスでは2015年夏を目標に研究開発を進めており、立ち上がり時間はさらに短縮されるものと思われます。

Q7　天井暖房では頭や顔が火照るのでは？

通常、暖房時の天井パネルの表面温度は30℃程度ですが、輻射の特性として、居住域となる足元から頭上まで20℃前後の均一な室温に保たれます（1章37頁の図14垂直温度分布参照）。そのため、頭や顔が火照るようなことはありません。実際に、体感者からもそうしたクレームは届いていません。

輻射空調は気流もほとんどなく、30℃の天井パネルの表面温度と32℃程度の体表面温度では温度差が少ないため、体温と穏やかに調和しながらじんわりとした暖かさを感じます。

むしろ、従来の対流式空調（エアコン）の方が、40℃以上の風を吹き出して室内の空気を撹拌する方式のため、暖められた空気が上に溜まりやすく、頭や顔が火照る原因となります。

Q8　メンテナンスの頻度と内容は？

天井輻射パネル自体のメンテナンスは基本的に不要です。これは天井輻射パネルの大きな特長です。

ただし、輻射パネルに送水するための配管に付随するポンプ、タンク、バルブ、計器類はそれぞれの法定基準に基づき、15~20年程度で交換が必要になります。設備設計の条件にもよりますが、保守・点検の契約などを利用して年2回程度の定期点検を推奨しています。

Q9 輻射空調の設備寿命は何年くらいか

輻射空調パネルの設計寿命は一般的に30年以上といわれています。ただし、配管付随部品や消耗材については前述のとおりです。

Q10 従来式の対流式空調に比べ、どのくらい省エネになるのか

条件により異なるため、具体的数値で「○○%削減」とはいえません。

輻射空調が省エネになる最大のポイントは熱媒体が水であることです。水の搬送動力は空気に比べ、約4分の1といわれており、搬送動力を大幅に削減することができます。

また、輻射空調に利用できる水の温度は冷房時16℃、暖房時34℃程度なので、井水や地中熱などの自然エネルギーや二次温水を利用でき、この点でも省エネにつながります。

さらに、対流式空調と比べ、天井輻射空調は、室内の設定温度を冷房時には約1℃高く、暖房時には約1℃低くしても同じ快適性を得ることができます。

ちなみに財団法人省エネルギーセンターの実測データでは、オフィスビル等で室温設定を1℃緩和すれば、約6%の省エネ効果があると確認されています。その観点からも省エネ効果が見込めます。

Q11　室内の温度と湿度はどのようにコントロールしているのか

温度の制御は天井パネルの温度ではなく、室内の温度を感知して天井パネルへの送水流量でコントロールします。

湿度の制御は、設計条件を元に除湿外調機やデシカント空調機によってコントロールします。

Q12　輻射空調のイニシャルコストとランニングコストは？

輻射空調は従来空調に比べて現状ではイニシャルコストが高くなります。正確に比較するには熱源などもすべて含めて比較する必要がありますが、そうした比較事例がないため、何％アップという数字は出せないのが現状です。ただし、今後、普及による量産効果でコストダウンが期待されます。

一方、従来空調に比べてランニングコストは下がります。省エネ性やメンテナンス費用の少なさなどが主な理由です。詳しくは第1章のコストシミュレーション（51〜59頁）をご参照ください。

また、コスト換算はできませんが、「快適性」や「健康性」を付加価値として捉えて導入されたケースは少なくありません。

Q13　既存の熱源を利用できるか

既存設備が冷温水を使用しているシステムであれば利用可能です。夏期16℃、冬期34℃の冷温水を、熱交換器を介して輻射パネルに供給できれば、熱原の機種や仕様は限定しません。

Q14　改修工事にはどのくらいの期間が必要か

条件や内容によりますが、1~2カ月くらい必要です。既存天井を撤去し、天井内の配管やダクトの改修工事を行い、新規に輻射天井を設置するため、工事期間中は室内の使用や出入りができません。その間の仮移転先が必要になります。

Q15　室内の間仕切り対応は？

制御区分計画（ゾーニング）を行うことで可能です。輻射空調工事ではレイアウト変更や間仕切りの増設など、将来的な計画を盛り込んだ設備設計が望まれます。

Q16　輻射パネルの天井敷設率はどのくらいが適当か

空間の快適性を左右する「平均輻射温度」を上げ下げできる目安として、最低限50％以上の天井敷設率が必要です。天井には照明などの設備も入りますから最大敷設率は70~80％です。快適さとコストのバランスや、輻射パネル以外の周辺機器との関係を勘案して最適な敷設率にすることが大切です。

Q17　輻射パネルの能力（性能）はどんな規格に基づいているのか

輻射冷暖房が普及しているヨーロッパでは「EN規格」に基づいて能力が決められています。

日本では一般的な空調（エアコン）の能力はＪＩＳで規定され、定格能力（kW）で表示されていますが、輻射空調はまだ統一規格がなく、各メーカーが独自の条件で能力を示しています。ただ、能力表示にバラツキもみられ、今後の課題となっています。

将来的にはヨーロッパのＥＮ規格を転用するか、統一された規格条件を設立するなどの措置が必要と思われます。

Q18　「輻射」と「放射」の違いは？

「輻射」と「放射」は同意語です。

学術的には「放射」が使われますが、日本の輻射空調の草分けであるテーテンス事務所の元代表、故・葉山成三氏が著書や論文などで「輻射」を広めました。現在も、一般的には「輻射」や「ふくしゃ」がよく使われています。

著者紹介

太田三津子（おおた・みつこ）

不動産ジャーナリスト。静岡県生まれ。青山学院大学卒業後、住宅新報社に入社。『住宅画報』編集、『住宅新報』記者を経て1995年独立。住宅・不動産業界を中心に独自の視点と立ち位置から取材している。共著に『続・次世代ビルの条件』（鹿島出版会）『オフィスビル2030』（白揚社）等。日本不動産ジャーナリスト会議会員。

ISBN 978-4-8269-9056-1

ワーカー絶賛《ぜっさん》！輻射空調《ふくしゃくうちょう》

二〇一五年五月二十五日　第一版第一刷発行
二〇一五年六月二十五日　第一版第二刷発行

編　者　オフィスビルディング研究所
著　者　太《おお》田《た》三《み》津《つ》子《こ》
発行者　中村幸慈
発行所　株式会社　白揚社

〒101-0062　東京都千代田区神田駿河台1-7
電話03-5281-9772　振替00130-1-25400
装　幀　岩崎寿文
印刷・製本　中央精版印刷株式会社